はじめて読む 終活の基礎知識

行政書士
河﨑康次
Kawasaki Yasutsugu

文芸社

目次

遺言書

1 遺言書の意義

私は、終活の究極は遺言書の作成だと思っています。それは相続争いを防ぐ唯一の手段が遺言書だと思うからです。自分の亡き後を家族が平穏に過ごしていくことを担保すること、それが何よりも終活の目的です。

相続争いを防ぐ方法は二つあります。一つ目は、常日頃から財産分与についての自分の考えをしつこくしゃべっておくことです。子供達への遺産分割の意識改革です。二つ目は、その財産分与の考えを現実に担保することです。法的な裏付けの処置です。それが遺言書の作成です。

自分の亡き後、家族の状況は分かりません。相続争いで一家離散するのか、家族・

親族仲良く助け合い、平穏な生活をするのか、それは旅立つ人の心構えしだいです。残された家族の平穏な生活を担保して、安心して旅立つ。それが遺言書の役割です。

2 遺言書への意識

日本人には遺言書を作る習慣がありません。その意識も低いです。

なぜでしょうか。それは第二次世界大戦終了までは、長男がすべての財産を引継ぐ、家督相続制度が国の制度だったからです。この制度では遺言の必要がありません。だからこの考えに基づいた教育を受けた人は遺言書を作る考えが湧かないのです。

次に戦後に育った人は、昭和二十三年に施行された現行民法による相続制度、法定相続という考えで教育を受けています。しかしこの制度での相続の体験はまだ日が浅くこの問題点や対処の仕方が分かりません。しかも昭和一桁生まれの人達の相続は、「家の財産は長男にすべてを」の考えで争うことなく平穏に終わっています。

したがって均等に財産を分ける法定相続制度の利点弱点は分かりません。法律と実際のギャップの悲惨さを体験していない世代は遺言書の必要性を感じていないのです。

それで、日本では遺言書を作る意識がまだ薄いのです。

3 遺言書は最強です

遺言書をなぜ作るのかというと、財産の分け方を確定するためです。なぜそんなものがいるのかですが、それは遺産の所有権を移転させるためです。財産の名義を書き換えるために必要なのです。

じゃあ、遺言書がなければどうなるのか。それに代わるものが必要です。それは「遺産分割協議書」です。残された法定相続人達で決めた遺産の分配内容を書いた書類です。もし法定相続人の間で遺産の分け方が決まらなければどうなるか。そのときは、家庭裁判所に行き、そこで調停又は審判で決め、それを「調停調書」または「審判書」という書類にしてもらいます。相続では各遺産の名義を書き換えるために書類が必要なのです。

ここで財産の分け方で三つの方法が現れました。どの方法が優先されるかです。それは「遺言書」です。遺言書に書かれた遺産分与の内容が最優先されます。もちろん例外はあります。遺言の無効訴訟などがありますから。

しかし、現に遺言書があれば、「遺産分割協議書」を作る必要はありませんし、裁判所に行く必要もないのです。遺言書があれば、そこに指定された財産の分け方で名義変更が行われます。遺言書に記載してある分け方が最強なのです。

社会では、物の所有者がその所有物を一〇〇パーセント自由に処分することができるという大原則があります。人はそれぞれいろいろと思惑を持っています。自分の死後、家族に平穏な生活をさせるためにも、自分が最適と思う財産の分け方を遺言書で指定してください。

4 遺言書の種類について

遺言書は、普通の状況では三種類あります。普通の状況以外とは船の沈没とかの異常事態を言います。三種類とは「自筆証書遺言」と「公正証書遺言」と「秘密証書遺言」です。

①お勧めは、公正証書遺言です

それは、直ちに確実に遺産の名義変更が執行できるからです。仮に相続が訴訟になっても公証人の作成した遺言書は有力です。

公正証書遺言書の作成は、本人が公証役場に行き遺言の内容を公証人に話し、公証人が法的に無効にならない文面で作成し、本人、証人二人、公証人と四人が署名、押印して完成となります。経費と時間が掛かりますが、一番安心できる公文書扱いの遺言書です。いろいろ書類を揃えなければいけませんが、専門家に仲介してもらえば手間がなくなります。

②次のお勧めは自筆証書遺言です

多くの方が、遺言書は自筆証書で作ればいいと思っておられます。しかしそんなに簡単なものとは思わないでください、「遺書」とは違いますので。

遺言書で土地の名義変更をします。遺言書は、土地の売買契約書と同程度の法的効力のある文書です。そんな文書が一方では公正証書で厳密に作成され、他方では自筆で簡単に書けば良いということにはなりません。法的な書類は、若干の言い回しの違いがあっても文面は同じものにならなければなりません。土地の売買契約書は作れないが、自筆証書遺言書は自分で作成する自信があるという人は、遺言書を「遺書」程度の文書と思っているからでしょう。自筆証書遺言書を作成するなら、専門家に相談して下書きをしてもらって、遺言の内容が無効にならないようにしましょう。

最近インターネットで調べて作成したという方が増えています。勉強されるのはいいのですが、ネットの文面は一般的で平均的な文面です。その丸写しではその人の条件に合っているとは言い難いという問題が発生します。

区役所の無料相談会には「遺言書をインターネットを見て作成したが見て欲しい」と来られます。それは一番簡単な内容です。自分の財産を配偶者にすべて相続するという内容です。書かれている文面は間違いありません。土地や家屋や預貯金の情報を書いておられます。そこで私は「財産の記載は間違いないですか？　全部の財産を相続するのですよね。ならばこんなに列挙せずに、『すべての財産を』としてはどうですか」と言いました。このほうが間違いがないから無効にはなりません。

さらに、「遺言執行人」の項目を追加するように言いました。それとお子さんが二人ありましたので、「付言事項」の欄を設け、「子供達は、遺留分を請求しないように」

と記載することを勧めました。世の中は複雑です。インターネットの事例では個々の状況に合わない場合が多いです。やはり専門家に相談してください。

それと二〇二〇年七月からは無封の自筆証書遺言書が法務局で保管でき、その遺言書には家庭裁判所の検認が不要となります。一段と利用しやすくなります。制度については法務局に尋ねてください。

③最後に秘密証書遺言書です

これは今ほとんど使われません。それは公正証書と自筆証書との両方の手間が掛かるからです。自分で署名捺印して封入し、公証役場に持参して公証人と証人二名で遺言書に間違いないことを証明してもらうのです。

この遺言書の利点は、遺言書の文面は本人以外誰も知らないというところです。もちろん内容が無効になるリスクは自筆証書遺言と変わりません。

この遺言書は、自分が亡くなるまで必ず秘密にしておかなくてはならないが、亡くなった後は、日の目を見させてやらなくてはならない事項がある場合に利用するものです。例えば、隠し子の認知、愛人への遺贈など生前での公表では大きな混乱となる場合です。この遺言書では付言事項に詳しくその趣旨を書いて理解してもらうようにすべきです。

5 遺留分に注意

遺留分という言葉はご存じですか。相続を勉強すると必ず遺留分という言葉を憶えます。それは絶対の権利だからです。権利だからもちろん放棄することも可能です。旧民法（戦前）の世界で育った昭和一桁生まれの次男さん達は、今でも相続の時に子としての遺留分の権利を放棄し長男さんに全財産を渡されているようです。

遺留分とは、法定相続人の生活保障のために遺産の半分は必ず取得できる権利で、その半分の分け方は法定相続分に従うというものです。この権利は法定相続人でも「配偶者、子、親」だけです。兄弟にはありません。遺言の財産分けで、自分の相続分がこの遺留分の額に満たなければ、家庭裁判所に「遺留分侵害額請求」を申し出て確保することができるのです。ところで遺留分には時効があります。相続を知ってから一年を経過したら権利はなくなります。時効にさせないためには、相手方に内容証明で遺留分の請求をする旨を通告しておくことです。

そしてここからが本題です。あなたが遺産を分配するのであれば、遺留分を考慮してください。まず各法定相続人の遺留分を計算します。あとは誰に何を分けるのかを考え、遺留分との額の差を見ましょう。あまりにも額の開きが大きいのなら、修正するか、その理由を付言事項で説明し納得してもらうようにしましょう。遺産の配分は難しいものですが、遺留分にはとくに留意して考えましょう。

6 その他の遺産配分の留意点

ここでは、一般的な遺産の配分の考え方について述べます。遺産配分でまず考えることは、一次相続に当たっては配偶者の生活の確保です。

一次相続、二次相続とは、親の一人が亡くなれば一次相続です。そして二親目が亡くなれば二次相続となります。一次相続では、やはり残った配偶者の生活を確保するようにしましょう。戦後苦労してがむしゃらに働いて、やっと二人で築いた一戸建てのマイホームと少々の蓄えです。その遺産は、残された配偶者の老後の生活に存分に使ってあげるべきだろうと思います。そんな観点から一次相続の遺産は、第一に、残された配偶者の生活に使うべきでしょう。

それと同じくらい重要なのは家業の継続です。家業や事業が成り立たないような財産の配分はありません。後継者がなく事業をやめるなら別ですが、家業の承継は、配偶者の生活にも関係してくる重要な問題です。

次は、相続人の中で生活に困窮している者に生活の支援をするべきではないかというところです。困窮者の今の状況はその人のせいでなったのかもしれませんが、他の者の生活がそこそこであれば、相続人で生活に困窮している人を支えてやるべきだという考え方です。やはり皆が生活していけることに配分の主眼点を置くのも大切なことかと思います。

次に、家や祭祀を継ぐ者への配慮です。最近「家」というものの意識が希薄になりました。優秀な子は都会の学校に通い、そこで就職、結婚をして子育てをし、そこで核家族の生活を始めます。子供の小さいときに盆正月に郷里に遊びに帰ってはきますが、もう地元で生活はできません。さてさて、誰が田舎のお墓や地元の家の仏壇のお世話をするのかという問題です。家族と話をしながら決めていきましょう。

最後に個々の財産の行き先です。家を継ぐ人には自宅を、会社を継ぐ者には株式を、個人事業を継ぐならその店と道具を、農業後継者には農地をというように事業が成り立つように遺産を分割するのは当たり前でしょう。

最後は相続税です。現金払いが原則ですので、相続税の納税資金を含め遺産分割の検討をしておきましょう。

7 遺言書を作る時期

遺言書を作る時期はいつでしょうか。それは思い立った時です。何かのきっかけがあった時や何かの機会に、いろいろ考えずに一気に作りましょう。もちろんその前から遺産の配分については考えていてください。

もしあなたが人から認知症ではないかと言われたら、それは遺言書を作成する最後の機会です。認知症と診断されたときの問題点は、人があなたの意思を信用しないということです。

だから契約事項ができないのです。認知症の方が遺言書を作成すると、それは無効になります。分配の意思が不確定だからです。相続人から信用されないのです。認知症かなと思われたら、直ちに遺言書を作りましょう。それが限界の時点です。

できれば八十歳になるまでには作成しましょう。区役所の相談会に八十代のおじいさんが相続の相談に来られました。時間を掛けてお話を聞き遺言書の書き方についてアドバイスをしました。後日電話があり、「遺言は書きません。長男が作るなといいますので」とのことでした。

そうです、これぐらいの歳になると自分の生活は長男に支配されているのです。立場が逆転しています。もう遺言は自分の意思では作れなくなるのです。遺言は自分の立場が強いうちに作成しておきましょう。

8 平素から伝えておくこと

良識のある謙虚な親御さんは「わが家は財産がないので、相続争いは起きないのですよ」と言われます。

そうではありません。相続争いの遺産の額は、争いの七〇パーセントが五〇〇〇万円以下です。財産の額が少ないから起きるのです。

相続争いをなくすには、例えば、自宅と預貯金の分配について、平素からそれを都度つど口に出しておくことです。子供達の意識に分配内容を植えつけるのです。法定相続分は平等であっても不公平です。遺産分割は遺産の所有者が、その状況に応じて不平等だが公平になるように分配して、相続争いを防いでください。理があれば不平等でも、子供達は納得するものです。

身辺整理

1 終活としての身辺整理

身辺整理には二種類あります。それは、自分のための身辺整理と、人のための身辺整理です。

今をいかに有意義にするかという身辺整理が自分のための身辺整理で、一方、自分の死を意識した身辺整理が人のための身辺整理です。

この死を意識した身辺整理が終活としての身辺整理で、その整理の仕方は生きている自分のための整理とは異なってきます。

自己の死を前提とした身辺整理の目的は一つです。「遺族が困らないように」です。

そのための要素は二つあります。

その一つが「物・情報」の整理です。これは遺族が財産分けで困らないように、さらに死後の手続きで手間取らないようにすることです。

二つ目は「もしもの時」です。これは、自分に万が一の事が起きた時に自分はどうして欲しいのか、という考えをまとめることです。

「物・情報」の整理は財産一覧等の作成になります。物は自分の死後には相続という形で処理されます。相続で困るのは財産がどれだけあるか判明しないことです。相続や死後の手続きをスムーズに進めるために物・情報の整理をしておきましょう。

「もしもの時」に備えた整理ですが、これは自分の意思の整理です。覚悟の整理と言ってもいいでしょう。例えば自分が植物人間になり人工呼吸器を装着しないと生きられなくなった時、それを着けるのか否か、誰に判断させるのですか。触れると温かさが伝わってくるあなたの身体を前にして、家族に人工呼吸器の要不要を判断させるのは酷でしょう。しかし生前にあなたが意思表示をしておれば、家族は泣く泣くでも医師に「人工呼吸器は不要です」と言えるでしょう。こんな覚悟を整理するのが「もしもの時」の身辺整理です。

2 エンディングノート

終活の身辺整理には小道具が必要です。それはエンディングノートです。エンディングノートは、身辺整理の二つの要素すべてのことをあなたに問いかけ、記憶等を整理させてくれます。もしもの時のケースを示してそこでの覚悟を決めさせてくれます。物や情報は、どんな種類のものがどこにどれくらいあるのか、すぐには思いだせないものです。ならばエンディングノートの項目に導いてもらいましょう。思いだすきっかけを作ってくれます。考えるきっかけを作ってくれます。

そしてあなたの亡き後、家族がみれば調べるという手間がなくなりますし、財産分けのあと新たに財産が出てきたということもなくなります。

どんなエンディングノートが良いのかといえば、出版社が出している一般的なものがいいでしょう。それは各ジャンルが平均的に網羅されているからです。

ある業者が作成しているものは安価でいいのですが、業者の専門のジャンルが詳しくなっていて、他のジャンルが欠落している場合があります。

エンディングノートは、書かれた項目や内容を頼りに自分の記憶を蘇らせ、確認していくものですので、一般的なものを利用してください。その中で自分には関係のない項目もあるでしょうが、それはそれでいいのです。自分に関係ないということが確認できたのですから。

それと余白が目立つでしょうが、気にしないでください。二度、三度眺めているうちに埋まってくることがありますし、他の項目で余白が足らない場合に流用すればいいのですから。気にせずに使います。

もちろん初めは一気に書くほうがいいでしょうが、すぐにすべてを書き尽くすことはできません。だからその後、ちょくちょく眺めて、また突如として頭に閃いたときに書きこんでいってください。手元において眺めてみてください。

3 物・情報の整理

物・情報の整理の目的は、相続をスムーズに進めるため、死後の手続きを速やかに終わらせるためでした。残った家族が早く平常の生活に戻れるために行うものです。「物」の整理とは、財産価値のある物の一覧表を作成することです。「情報」の整理とは、公的機関から給付を受けていたものの証明書等の一覧表を作成することをいいます。物は「財産・資産」、「デジタル資産」、「形見分け」、「不用品」に分類して整理しましょう。情報は今所持している各種証明書やカードの一覧表を作り確認して行きましょう。この際不要なクレジットは解約してはいかがでしょう。

4 財産・資産

これはまさに相続財産です。土地、建物の不動産から預貯金、株式、金融資産、借金、貸付金、連帯保証人等です。個々の人によって異なります。エンディングノートに項目がない場合は項目を付け加えましょう。

記載するときには、あまり詳しく書かないでください。万一泥棒にノートを盗まれたら困りますのでほどほどにしておきましょう。例えば預金通帳なら金融機関名と支店名があればいいです。それだけあれば、我々専門家は調査ができます。だから何か調べるきっかけがあればいいということです。当然ですが、きっかけのないものはこの世にないのと同じです。日の目を見ることはできません。

それと、特に気をつけて欲しいのは貸金庫の有無です。貸金庫がある場合は、少なくとも金融機関名と支店名は記載しておいてください。

最後に遺族が和やかに財産分けをするためにも、その分け方を考えて記録しておいてください。遺言書の作成です。相続がこじれれば一年も一年半もの骨肉の争いとなり最後は絶縁です。故人は知らずに雲の上の人となっています。

5 デジタル資産

これから問題化してくるのがデジタル資産です。現在、高齢者でもネット銀行、ネット証券と取引をしておられます。この情報は誰にも分かりません。パソコンのデスクトップにネット証券のマークがあっても、それ以上はその中に入っていけません。

万一本人が交通事故で亡くなったら、今の株式の取引はそのままです。日経平均の先物取引をしていたとすると、暴落したら莫大な追加保証金が発生します。誰が取引を停止するのですか。

もっと身近では、スマホで日経新聞をインターネット購読されていませんか。あなたが亡くなったら誰が停止するのでしょうか。ＩＤは？　パスワードは？

パソコン、スマホ等の箱の中はブラックボックスです。本人以外分かりません。また本人でもＩＤやパスワードを忘れている場合があります。デジタル資産の管理はしっかりとしておき、家族にも分かるようにしておきましょう。

6 形見分け

人は二度死ぬ。一度目は肉体の死、二度目は人の記憶からの死です。

我々には四代前のご先祖様の記憶はありませんよね。ところがそれに何か関係する遺品があれば、これは○○じいちゃんの形見ということで、持っている間中、故人はその人の心の中に生きていることになるのです。

形見分けはそんな意味あるものです。亡くなった人の思い出が詰まった物を親族や友人に分け、もう少し生きてもらいましょうか。あるとき、私は、あるお母さんの相続のお手伝いをしました。高齢の三姉妹が、相続の協議も無事終わり、その後、「私、お母さんのあのブローチもらっていい?」、「じゃあ、私はダイヤの指輪にするわ」、「えぇ、私のがないじゃないの。じゃあ、あの大島紬とあの帯にするわ」と母の思い出話の中で和気藹々となされた形見分けを体験しました。

今、あなたは生きています。死んだときにある品物を誰かにもらって欲しいと思ったらエンディングノートの形見分けの欄にその旨を書いておき、喪主から形見分けとして贈ってもらいましょう。

その時に注意することは、評価額は一一〇万円までが原則です。それ以上でもいいのですが、相手には贈与税が掛かります。形見分けは喪主等からの贈与になりますので注意してください。それに高額な物なら相続財産の対象になり、相続人で分けることになるでしょう。それでも誰かに贈りたいなら遺言書で遺贈を明記しましょう。

形見分けでよく使用されるものは、時計、宝石、貴金属、書籍、着物といわれています。現金は不可であることは当然ですよね。

7 不用品の整理

これは早く言えば遺品の整理です。人が死んだ後、そこに残った物を処分する。これが遺品整理です。それを今先取りして遺族の負担を減らすのが不用品整理です。遺品整理と異なるところは、本人は今生活しているということです。生活に必要なものは処分できないということです。だから無理をせずに、心の隅で「遺品の整理はよろしくね」と開き直るくらいの気持ちが必要です。生きている時に自分で何でもかんでもできるとは思わないでください。

遺族が困るもの、それは布団、衣類、写真、本、趣味の物です。だからと言って処分できるものは限られています。布団だって自分用に、夏用、冬用、春秋用のものがあります。子供夫婦が来て泊まったらと考えると何組必要ですか。不用品の整理は、まあ一度、処分をするとしたらと、棚卸ししてみるくらいでいいのではないでしょうか。

それでも整理したいのであれば、まずは二つに分類することです。「今使うもの」

と「もう使わないもの」とにです。そしてもう使わないものを、貴重品、リサイクル・買取り、寄付、確認用、廃棄用と分けます。ダンボールに入れるなり、紙を張るなりし目印をつけて、「廃棄用」から少しずつ捨てていきましょう。

8 断捨離

もの処分は、なかなかできないものです。未練が出てきますから。

「断捨離（だん・しゃ・り）」という言葉はご存じですよね。ものの整理の仕方を、やましたひでこ氏が「断捨離」として、その極意を提案されています。

簡単に説明しますと、

「断（だん）」とは、わが身に押し寄せてくるもので不要なものは断つ、ということです。今使わないものは買わない、もらわないです。例えば家で食べるアイスをコンビニで買う。プラスチックのスプーンをもらう。しかし家では銀のスプーンを使用するのでプラスチックのスプーンが箱の中に沢山たまっている。もうコンビニでもらうことを断ちましょう。

「捨（しゃ）」とは、今も、将来も使わないものは捨てるということです。まだ使える、いつか使うは「もう使わない」です。現に、もう着れないのに持っている服はありませんか。いつ着るのですか。いい品物ならば人にプレゼントしてその品物の価値を引き出してやりましょう。もうクロークへ仕舞わないことです。

「離（り）」とは、「断」と「捨」の集大成です。心の整理です。物欲の心から離れる。執着心から自己を解放する。すると軽やかな自由自在な生き方ができます。日々が気楽に送れます。「断」「捨」と実行して「離」の心まで高めていきましょう。

「断捨離」は質素にしろ、倹約をしろということではありません。今を、自分を大切にしましょうということです。お客さん用のスワロフスキーのワイングラスを戸棚に仕舞っておくのではなく、今から自分のために使いましょう。お客様が来られたら「ごめんなさいね、平素使っているこんなグラスしかなくて」とさりげなく、お断りすればいいのですから。

9 情報の整理

情報の整理とは、死後に、給付を止めたり受けたりする情報を記録しておきましょうということです。健康保険から介護保険、国民年金や生命保険やクレジット、マイナンバーなどの情報を記録します。残された者がスムーズに手続きができるようにしておきましょう。誰も気付かず、やめるのを忘れてそのまま継続されていて、後から追徴金が発生するとなるとイヤなものです。

この手の情報は個人情報として秘匿されています。本人以外はほとんど知らないものです。だから記録しておきましょう。暗証番号は初めと終わりの番号等を記録し中は……としておきます。本物は何か別紙に残しておき、亡くなったら分かるようにしておきましょう。

10 もしもの時の考え方

もしもの時の考え方の整理は、終活そのものです。寝たきりになった時にして欲しいこと、認知症や物忘れがひどくなった時、もう治らない病気の時にどうするか、すでに雲の上に居る時の葬式やお墓の希望などについての考え方の整理です。

これらは、終活のテーマ、そのものですので後から詳しくお話ししますが、まずは、寝たきりになったら誰に看てもらうのですか。万一認知症になったら誰に自分の身をゆだねますか。終末期医療の状態になったら延命治療はどうしますか、葬式とお墓のその費用は誰が工面しますか、こんなことを心積もりしておいてください。

11 身辺整理の極意

身辺整理は労力が必要です。高い所のもの、重たいものの移動はしんどいです。もう持てません、運べません。だから物理的な身辺整理の作業には限界があります。そこで身辺整理の極意です。

身辺整理の作業はただ一つ、死後見られて恥ずかしいもの、見られたくないものだけを処分することです。日記、手紙、家計簿などでしょうか。

相続〈基本編〉

ここでは、相続手続きの中で、締切期限があり、これを見落とすと困る手続きについて説明します。

1 相続放棄

相続の手続きで期限があるものがあります。その中で重要なのは、相続放棄です。これは必ずしも皆さん全員に関係あることではありませんが、知識としては知っておく必要があります。

相続放棄、言葉はご存じですよね。「相続分の放棄」とは違います。

例えば、放蕩おやじが亡くなった。遺産を整理すると、差引き借金が一億円となる。こんな相続はごめんである。だから相続権自体を放棄する、というのが相続放棄です。

家庭裁判所に行ってする手続きです。

この場合、知っておかなければいけないことを述べておきます。

親族、すべての相続人が相続放棄をしなければ、誰かが借金を背負うことになるということです。

まず、法定相続人で第一順位の「配偶者と子」が家庭裁判所に相続放棄の手続きをします。すると借金は、第二順位の被相続人の「親」に移ります。寝たきりでも生きていれば親に借金が行きます。だから次に親が家庭裁判所に相続放棄の手続きをします。すると借金は第三順位の「兄弟」に移ります。こんどは兄弟全員が相続放棄の手続きを取ります。これで親族は、借金地獄から解放されます。

その後はどうなるか？　債権を持っている人が集まって協議します。

一生にあるかないかですが、これを知ると知らないとでは、本当に天国と地獄になります。

次に、重要なのは、この相続放棄の手続きには期限があるということです。相続を知ってから三カ月以内です。三カ月以内に家庭裁判所に手続きをしなくてはいけません。手続きをしなかったらアウトです。借金を引き受けることになります。

まず「配偶者と子」ですが、被相続人の死亡後三カ月以内に家庭裁判所に手続きをします。次の相続人である「親」の場合は、配偶者や子の相続放棄が家庭裁判所に認められてから三カ月以内です。具体的には家庭裁判所から「相続放棄申述受理通知書」が妻や子に送られてきてから、三カ月以内に家庭裁判所に相続放棄の手続きをします。「兄弟」は親の相続放棄が決まってから三カ月以内です。親が居ない場合は、妻や子の相続放棄が決まってからすぐ手続きをします。

三カ月はすぐに時間が経ちます。借金がありそうなら速やかに調査すべきです。そして親族は連携を取り、皆が期限内に相続放棄の手続きをするようにしましょう。相続放棄は、一族全員が放棄をしなければならないことを覚えておいてください。

ところで、巷の会話で「相続放棄」と「相続分の放棄」との言葉が使い分けられていません。「私は相続放棄して、兄さんに全部あげたんです」という言葉は、正確には「私は自分の相続分を放棄して、兄にその財産をあげた」という意味です。これは相続放棄ではありません。相続分の放棄です。そして放棄した相続分は、特定の相続人に行かずに相続財産として残った相続人で分けることになります。この相続分の放棄の手続きは、遺産分割協議書に「〇〇〇子は、自己の相続分を放棄した」と記載するか、その人の相続については一切何も書かない遺産分割協議書に、その人が自署押印すれば済むことです。

2 相続税の申告

もう一つ、期限があるもので知っておかなくてはいけないのは、相続税の申告です。

これは亡くなった日から十カ月以内に手続きをしなければいけません。

相続税は、「遺産の額」が「相続税の基礎控除額」を超えていれば申告が必要で、そうでなければ申告する必要がありません。

数式的に表せば、

「遺産の額」−「基礎控除額」＝プラスなら申告が必要、
ということです。

相続税の「基礎控除額」の計算ですが、これも簡単です。

基礎控除額の計算式は、

「三〇〇〇万円＋六〇〇万円×法定相続人の数」です。

例えば、父が亡くなり、法定相続人が妻、子二人の計三人なら基礎控除額は四八〇〇万円です。

あとは、遺産の額がこれを超えるか否かの判断です。

遺産の額の計算ですが、土地と家屋については概算で計算して、それに他の財産の価額を加えて全体の額を出します。

土地の評価は、相続税の評価基準を使用します。「路線価」と「評価倍率」です。「路線価」での計算は、税務署に行けば、自分の土地が接している道路に価格が書いてある表がありますので、その額を土地の面積に掛けて概算を出します。路線価がない地域は「評価倍率」です。土地の固定資産税の評価額にその地域の評価倍率（一・一とか一・三とかです）を掛けて土地の評価を計算します。

家屋については、固定資産税の評価額を使用します。

他の財産は、それなりの価額が分かるでしょう。それらを足せば遺産の概算額が出ます。

ここからが重要です。この概算額と基礎控除額の差引き額がプラスかマイナスか際どい場合は、相続税の専門の税理士と相談してください。

なぜなら現実の土地の評価の仕方は複雑です。土地が道路二面に接している場合は、正面路線価の奥行価格補正とか側方路線影響加算額とかいろいろな計算式があります。評価額の計算は簡単ではありません。

それと最後に、相続税の申告をしたからと言って、必ず税金を払うかといえばそうではありません。申告したらまた別な控除制度があります。例えば、同居人が居住用土地を取得すれば減額になり、配偶者特別控除もあります。税金が掛からなくなることがありますので、これも相続専門の税理士さんに相談してください。

3 遺留分侵害額請求

最後に、もう一つ、十二カ月以内と期限のあるものがあります。

これが「遺留分侵害額請求」です。

まず、遺留分というものがあります。これは、法定相続人の「配偶者」と「子」や「親」が、被相続人の遺産の半分をもらえる権利です。

例えば、父と母と子の三人家族で父が亡くなりました。父の遺産は四〇〇〇万円です。父は遺言書で他人のA子さんに財産のすべてを遺贈すると書いています。この時、法定相続人である母と子は一〇〇〇万円ずつをA子さんに遺留分として請求できるのです。

この手続きを「遺留分侵害額請求」といいます。この権利は、亡くなってから十二カ月以内に行わないと権利が消滅します。

手続きの方法は、遺留分を侵害している者に対して、内容証明郵便で、「遺留分侵害額を請求する」という文書を送ります。これでまずは一安心です。あとは話し合いをしていきます。話し合いが成立しないなら家庭裁判所に調停を申し出ます。このトラブルは、巷では割と多くあります。

4 遺留分侵害額請求の防止

遺留分侵害額請求は、遺言書がある場合に発生します。遺産分割協議なら遺留分の侵害は起きません。気に入らなければ印を押さなければいいだけですから。もし裁判になれば法定相続分で決着させようとするので、遺留分以上の取り分が得られます。だから遺言書がある場合にのみ発生することなのです。

なぜ発生するか、これは遺言書の書き方に問題があるのです。

遺留分侵害額請求を起こす遺言書の問題点は、①遺言書が特定の子の意思によって書かされた場合です。老いた父が長男と同居して生活の面倒を見てもらっています。長男は、父に自分が有利になるように遺言書を書かせます。②遺言者が財産一覧表を作成していない場合です。次男が住んでいる土地は次男に相続させる。あとの財産はすべて長男に相続させる。これに財産一覧があればいいのですが、財産一覧がなければ、長男に遺産目録を開示させなければいけません。次男は疑心暗鬼になります。③遺産配分の偏りについて、遺言者が「付言事項」で丁寧に説明していない場合です。遺言者がある思いで遺産の分配を偏らせたなら、その意味を「付言事項」にしっかりと書いておかなければ、遺言者の意思が伝わりません。結局、家族は猜疑心で仲間割れします。

それから、遺言の内容は平素から公言しておきましょう。

遺言は秘密事項ではないのです。生前から自分の遺産配分の意を皆に話をして、公開しておけばいいことです。遺言書はそれを法的に有効にさせる道具ということだけです。

遺言で秘密にするのは、生前に知られると大きなトラブルになるとか、じゃまされるとかの事情がある時です。

遺言書はあくまでも遺言内容の実施を法的に保障する道具です。遺言の内容は早く皆に知らしめて、相続人に覚悟をさせて争いを防いでください。

5 相続争い

相続争いは起きるのが原則と思ってください。

これは相手との喧嘩を構えておけということではありません。お互いが歩み寄り納得した遺産相続をするための最初の心構えです。

まず、相続争いは子供同士で起きるものです。そしてそれは、二次相続のときに起きることが多いです。理由は二次相続では親という重しがなくなるからです。

次に、相続争いの原因は、金額の多少というより、各立場、考え方の違いです。例えば、長子と他の子とでは「家」の意識が違います。跡を継ぐのか、人に任すのかの意識の違いです。長子は、家、父母の世話について、ズーッと意識して生活しています。だから家や財産に対する意識が他の兄弟とは異なります。

それと意識の違いが大きいのは、親の介護についてです。同居人とそうでない者との意識は大きく違います。しかし介護をしたという意識では、皆同じように主張します。こんな感じの違いが、財産分けの主張の違いになってきます。

次に法定相続分の理解の違いです。法定相続分は権利であり必ずその額を死守するものか、そんなのは関係ない実態に合わせ公平に配分すればいい、かとの違いです。

そして最後に、相続争いは遺産額が少ないから起きるということです。

遺産の額が少ないから分け方に不満がでるのです。子供二人に、戸建て住宅を一軒ずつ分けてやり、預貯金を五〇〇万円位つけることができれば多少の違いがあってもまあ納得するでしょう。

戦後の家庭では子供二人を育て、一戸建ての家を建て、そして生活に困らないようにさらに貯蓄をしてきました。一般的には、遺産は戸建て住宅一軒と預金二〇〇〇万円相当です。これを子供達が相続の権利として遺産分割していくのです。

親の遺産分割では、「相続争いは起きるもの」、これを前提として臨みお互いの立場を理解し欲を少し抑えて、話し合いをしていくのはいかがでしょうか。

相続〈概念編〉

日本の相続の対応は、まだ成熟していないと感じています。それは、戦後の昭和二十三年から始まった、現在の「均等相続制度」に対する遺産分割のノウハウが蓄積されていないということです。これは日本社会の体験不足からくるものです。

戦前は家督相続制度でした。財産は「すべて家長（長男）へ」でした。昭和一桁生まれや昭和十年代生まれの方はこの考え方で教育を受けられています。昭和二十年代以降の世代は、現在の均等相続制度で教育を受けています。

戦後の相続の一代目は、均等相続制度の中にあっても「財産は長男へ」との考えでスムーズに受け継がれています。そしてその世代は、自分の財産も「長男に任す」との考えがあるので、遺言書を作るなどの考えは持っていません。

しかし、今、均等相続制度の教育を受けた世代が、その遺産を、長男に集中させるのではなく、権利としての分配を主張し、いろいろと苦労しているようです。この均等相続の対応は、今緒についたばかりです。このノウハウはいまから蓄積されていくでしょう。

ここでは、その現在の相続に対する概念や基本的な用語について記載していきます。

1 二つの相続

相続は二種類あります。一つ目は「親の財産の相続」です。二つ目は「自分の財産の相続」です。普通は親の財産の相続が先に来ます。だから自分の財産の相続は、その経験を生かして、しっかり考えて方策を講じることができます。

自分の財産の相続についてですが、日本は私有財産制の社会です。自分の財産は自分の意思で自由に処分できるという考えが基本です。これは遺言書で自分の財産の分配を決め、あなたの家族の相続をスムーズに進めてくださいということだと思います。これについては、親の財産の相続の経験を生かせばいいでしょう。

2 遺産は「棚ボタ」

遺産は非常に美味しいものです。宝くじよりも確実にまとまった財産が入ってくるのです。例えば自由に使えるお金、一〇〇〇万円が何もせずに自分の口座に振り込まれるとしたらどうですか。自然と顔がほころんできます。これが相続です。

例えば父の遺産が四〇〇〇万円あるとします。法定相続人が配偶者と子供二人で、法定相続分で分配するなら、配偶者は二〇〇〇万円、子供は二人だから各一〇〇〇万円ずつ分配されます。子は何もせずに一〇〇〇万円が入ってくるのです。しかもこれが権利です。裁判で主張できるのです。

ところが、もしあなたの相続分一〇〇〇万円が、五〇〇万円に減額されるとしたら、あなたはどうしますか。例えば、兄が弟に、「お前は父の介護をしなかった。だから遺産は遺留分相当の五〇〇万円だ」と言ってきた。弟は「ごもっとも」と頷き、書類に印を押しますか。裁判するなら一〇〇〇万円が手に入ってくるんです。

これが相続です。相続は平等と公平のせめぎ合いです。親の相続を考える時には、相続人全員の思いを洞察してください。洞察した上で、どんな立場で財産の分配に接していくかを考える必要があります。

3 一次相続、二次相続

親の相続は二度あります。最初の親が亡くなったときを一次相続といいます。二親目が亡くなったときを二次相続といいます。一次相続の時は、二次相続を視野にいれて相続を考えます。我々専門家は三次相続まで考えてアドバイスをします。しかしほとんどの方は、その場の相続、一次相続のことだけしか考えません。

相続で困るのは考えの違いです。弟は、目先の相続分だけで分配を考えます。他方、兄は、母の介護を考え二次相続まで考えます。これでは折り合いが付きません。争いになります。

遺産の分割協議をする場合は、まず、目先の一次相続だけなのか、二次相続も視野にいれるのか話し合う必要があります。意識が違えば合意にはなりませんから、まずはそこをじっくりと話し合います。話し合いが成立しない時には、配偶者である母にすべてを相続させ、子への相続は二次相続に先送りする手もあります。

4 法定相続人

法定相続人とは、皆さんはすでにご承知だと思います。確認のために書きますと、法定相続人は、法律で決められた相続人です。基本形は「配偶者と子」です。なぜ「配偶者と子」かというと、一般的に家の財産には、配偶者とともに築いたものと先祖から受け継いだものとがあるからです。だから配偶者と子に相続させるのです。

次のステップとして、「配偶者」が亡くなった場合は、配偶者の欄は「なし」になります。「子」だけが相続人です。子が亡くなれば子の欄は、血のつながりで相続人を決めて行きます。血はまずは下に流れ、下に流れない時は、上に上がります。上に行けないときは横に行きます。

具体的には、子が親より先に亡くなっていて孫が居る場合は、遺産は「孫」へ行きます。代襲相続といいます。孫も亡くなっていてゼロ歳児の「ひ孫」が居る場合はひ孫に行きます。子以下、直系卑属が全く居ない場合は、相続権は「親」へ行きます。二親共亡くなっている場合は「兄弟」へ流れます。兄弟が先に亡くなっている場合は、その兄弟の子である「甥や姪」に代襲相続されます。しかし甥や姪も亡くなっていると、再代襲相続はありません。相続はここでストップします。遺産は行き場が無くなれば国庫に入ります。

子は、認知した子や養子縁組の子も法定相続人です。

5 相続分

相続分とは遺産の分割割合のことを言います。分割割合でよく知られているのが「法定相続分」です。相続人が「配偶者と子」なら、相続分は「配偶者が二分の一」で、「子は残り二分の一」を子の人数で按分します。

巷では、相続は法定相続分で分けるものと思われています。しかしこれは間違いです。相続分は自由に決めていいのです。親の遺言書がない場合は、法定相続人が話し合いで、自由に配分内容を決めることができます。

この話し合いが成立しない場合には、家庭裁判所に決めてもらうようになります。家庭裁判所では、「自分達で決められないのなら法定にするしかないですね」と法定相続分で決めます。

法定相続分には問題が内在しています。それは、「平等の不公平」です。すでに事例に上げましたが、兄弟が居り、兄が父母と同居して父を介護していたとします。父が亡くなったら、母は二分の一、子は二分の一を分けます。法定では子は按分です。介護等、何もしない弟と介護した兄とが同額の相続分です。

これで皆仲良く合意するでしょうか。これが法定相続分の裏の顔になるのです。遺産分割協議をスムーズに進めるには、親族で利害関係のない人に仲裁役として入ってもらい協議して行くのがいいと思います。利害関係の当事者だけで話し合うのではなく、利害関係がない有識の親族に入ってもらうのです。遺産分割協議がスムーズに成立すると思います。

この時、専門家を入れる人がいますが、それは間違いです。専門家は雇った方の味方になります。仲介役は、やはり利害関係のない親族でないといけません。

6 遺産分割の方法

遺産分割協議書は、遺言がない場合に作らなくてはいけない書類です。これは、法定相続人全員が合意した遺産の分割の書類です。

遺産の分割の仕方には、三種類あります。

預金通帳などの現物を単独で個人に相続させるやり方、これを「現物分割」といいます。

次に、土地がどうしても「持分」での相続になるようなら、土地の名義を一人の人にする代わりに、他の人にその持分を金銭で支払う方法があります。これを「代償分割」といいます。

最後は、ある遺産を売ってしまって、それに掛かった経費を差し引き、残った額を相続人で分けるやり方があります。これを「換価分割」といいます。

財産は、ピッタリ思ったとおりに分けられないので、各分割方法を活用して財産分けをします。もちろん財産分けの具体的な方法も遺産分割協議書に記載します。協議書の文は手を抜かないようにします。後々にトラブルを起こさないためと、相続が「譲渡」にならないようにするためです。代償分割、換価分割の記載は注意しましょう。相続と思ったら譲渡の扱いになっていたでは困りますので。

7 名義書き換え

よく聞かれるのが、相続に期限があるのかどうかです。

答えは「ありません」です。但し相続税の申告がない場合です。

相続とは財産の名義を書き換えることです。これには期限はありません。遺族が生活に困らなければいくら先延ばししても構いません。しかし後日、名義書き換えをするには、手間が多く掛かります。

例えば、以前、固定資産税を払っている方から相談がありました。昭和三十四年に死亡された方の土地が一筆残っていました。なぜか十年以上も、その人が固定資産税を払っています。もうそろそろ自分の名義にして、処分したいとのことでした。

被相続人は明治生まれの人です。その人の出生から現在までの相続人を調べていきます。延べ六十人の戸籍を取りました。一人の相続関係を調べるのに戸籍は最低五通必要です。六十人の戸籍、除籍の取得で経費が二十万円以上掛かります。最後に法定相続人は十八人になりました。この十八人に遺産分割協議書に署名実印を押してもらわなければなりません。住所は東京から大分まででした。

土地一筆三〇〇平方メートルです。分割方法は代償分割（一人の者が他の人の持分を現金で支払う方法）しかありません。相続分は、一人一二〇万円から八〇〇〇円まで様々です。その代償金を支払い、遺産分割協議書に署名と実印の押印と印鑑証明書をいただくのです。まあ手続きは大変でした。

最近多いのが、預金通帳の名義の書き換えはしたが、土地の名義の書き換えが済んでいないという方です。生活に困らないし、不動産の手続きは自分でできないからという理由で残されています。しかし今、土地の名義書き換えを始めるとなると、新たに戸籍を取り直ししたりと、預金通帳の時と同じ手間をかけることになります。

遺産の名義書き換えは、経費が掛かっても専門家に頼んで、一気に不動産まで終わらせましょう。それに不動産の名義書き換えは難しくないのです。先日、ある娘さんが父の相続の土地の名義書き換えを自分でされました。法務局の相談窓口に行けば親身になって指導してくれます。相続はすべての遺産の名義書き換えが終わって、初めて終了です。

相続〈法改正〉

二〇一九年から順次相続の法改正が施行されています。二〇二〇年七月で、すべてが施行となります。その中で我々の生活に重要なものを二三、述べておきます。なぜ重要かというと、相続の常識が変わるからです。民法の改正は世間の常識の変更になるのです。

1 妻の居住権について

夫婦で協力して建てた一戸建ての名義はお父さんです。妻は生活費を節約してローンを返してきました。夫が亡くなりました。夫は遺言で、一戸建て住宅の所有権の移転登記一回分を節約するために、妻でなく長男に所有権を移しました。

母親と仲の悪い長男夫婦はアパートからこの家に移り住み、母親を追い出しました。

夫婦の終の棲家として建てた一戸建ての家から妻は追い出されました。何のためだったのでしょうか。まさか、と思われるでしょうが、世の中、こんなことがあるのです。だから法改正があったのです。

昨今の高齢社会で老婆が家を追い出され路頭に迷う。これではいけません。そこで国は、相続の新しい条文を作りました。改正民法一〇三七条、一〇二八条です。

一〇三七条は、配偶者の短期居住権です。

夫死亡後、同居していた妻は、少なくとも六カ月間はその居住している家に住めるというものです。所有権がなくても住めます。その間に対策を練りましょうということです。

次に一〇二八条です。配偶者の居住権です。

家の所有者である夫が「妻に居住権を与える」といえば、妻に所有権がなくても、妻は死ぬまでその家に住めるのです。

この施行は二〇二〇年四月からです。今、夫名義の家に同居している妻で、死ぬまでその家に住みたいなら、二〇二〇年四月以降に、夫に「妻に居住権を与える」という遺言書を作成してもらってください。そして夫が亡くなったら居住権の登記をしてください。その家は終の棲家となりますから。

こんな事情は家族親族で何かの問題がある場合です。親子の仲が良ければ必要のないことです。

2 居住用財産の持ち戻し無し

相続において「財産の持ち戻し」というものをご存じですか。

簡単に言うと、仮に妻が夫から五年前に自宅と土地の贈与を受けていた場合、夫が死んだ時に、夫の遺産に一旦戻して、それから相続分を計算しよう、というものです。

さらに悪いことには、妻の相続分は、その自宅と土地代を引いた残りだからね、というものです。これは民法九〇三条の一項です。

夫は、妻の老後を考えて、住んでいる家や土地を先に妻にやって、少しでも生活を楽にしてやろうと思ったのに、持ち戻して計算しろとなると、夫の妻への配慮や誠意はどうなるんですか。高齢社会の今、この持ち戻しの考え方は何かおかしいですよね。ということで、民法を改正したのです。九〇三条の四項を作ったのです。その概要はこうです。

「婚姻生活が二十年以上の夫婦で、一方が居住用の土地建物を遺贈または譲与したら、この時は持ち戻しをしなくていい」というものです。

これで、妻の老後の生活は良くなるでしょう。

さて、この「持ち戻し無し」の適用には、条件があります。①あくまでも居住用不動産であること、②二十年以上の婚姻夫婦であること。③二〇一九年七月からの遺贈、譲与であること、です。

それでは、二〇一九年六月以前に贈与している場合はどうするのかです。新たに遺言書を作成します。「〇年〇月〇日に△△から配偶者□□に贈与した下記の居住用不動産は、民法九〇三条の一項の適用はしないこととする」という内容の遺言書を作成してもらってください。

念を押しますが持ち戻し無しの適用は居住用不動産です。例えば、事業用の駐車場経営の土地の贈与は、持ち戻しの対象ですので注意してください。

3 長男の嫁の特別寄与料

同居している長男の嫁は、家族でありながら、相続では他人で一切の恩恵がないのはご存じですよね。

それでも、義父が在宅介護になったら、世話をしてくれます。これが長男のところに嫁にきた者の心に秘めた覚悟なんですよ。やまとなでしこには、現代もまだちゃんとその情は引継がれています。

しかし介護は大変です。ヘルパーさんや訪問入浴等の皆さんのお世話にならなければなりませんが、やはり身内の同居している嫁の労力に大半を頼っています。嫁に主として動いてもらわなければできるものではありません。それを、嫁という立場の情にすがって美談で終わらせていいのか、という声がありました。

そこで、相続の法改正です。新しく一〇五〇条を作りました。

概要は、「親族が、被相続人に対して無償で療養介護等をしたことにより、被相続人の財産の維持等に寄与した場合は、親族はその寄与に応じた額の支払を請求することができる」です。

「親族」とは「配偶者、血族六親等内、姻族三親等内」です。長男の嫁は姻族一親等ですので、親族です。だからこの法律の適用になります。

要は、嫁は、義理の父親の介護をしたら、その労力に応じて、特別に寄与したとして相応の金額を相続人に請求できるということになったのです。

支払の請求先は、法定相続人に行います。法定相続人が無視するなら家庭裁判所に行きます。

この権利にも時効があります。その期間は「相続を知ってから六カ月」です。それから証拠の品がいるのです。無償で療養看護の労務提供をした証拠の品が必要なのです。それは、介護日記とか、労務提供のために要した経費の領収書とかです。

新しい法律で、二〇一九年七月からの運用開始となりますが、これからいろいろと手続きの仕方や判断が調っていくでしょう。しかしすでに共同相続人の寄与料の制度が九〇四条の二で先行していますので、それを参考に判断されていくでしょう。嫁の無償の労力提供に少しは報いることができるものです。

4 被相続人の預金の仮払い

亡くなった人の預金通帳の出し入れは、口座が閉鎖されできませんよね。これでは、亡くなった人が自分の葬式代等を準備していても、すぐに使うことができません。そこで、二〇一九年七月から、亡くなった人の預金で、相続人が決まっていなくても、一金融機関に付き一五〇万円までは仮払いすることができる、となりました。

これで葬式代等の支払いが可能となります。

5 自筆証書遺言書の作成条件の緩和

自筆証書遺言書は、手軽で作りやすくていいのですが、書き方が難しくて少しでも間違うと無効になったりします。そこで、財産をパソコンで作成した財産目録にして、別紙一とか別紙二とかと簡単に表示できるようにしました。これは二〇一九年四月から適用されています。

それに加え、二〇二〇年七月からは、自筆証書遺言書を法務局で保管することが可能となり、この保管された遺言書は、その執行にあたり家庭裁判所の検認（遺言の存在、内容を知らせる手続き）というものが不要となります。

遺言書は、相続争いを完全に防ぐものではありませんが、遺言書があるとないとでは相続人の姿勢は違ってきます。自筆証書遺言書の取り扱いが簡便化されたので、これを活用し、財産所有者の意思表示を明確にして、遺産分割のトラブルを防ぐようにしましょう。

6 遺留分の金銭化

遺留分の話は、基本編で行っています。

遺留分の金銭化とは、侵害額を金銭で支払うことができるとしたものです。二〇一九年七月からです。

今まで、不動産の場合は持分になっていたのです。すると共同名義となり不動産は取り扱いが難しくなります。そんな不便を解消するために、持分を金銭で支払ってもいいということになりました。

そして直ちに支払うことが困難な場合は、家庭裁判所に支払猶予の申出をして待ってもらえることになったのです。

これにより遺産の活用もスムーズになり、それぞれが満足できるものになって行くと思います。

7 インターネットの情報

余談ですが、気付いたことを一言述べます。

最近は、インターネットで相続の知識を得られる方が多いです。その知識で各種手続きの書類を作られる方がおられます。それは手っ取り早くて便利で、いいですよね。私もインターネットで情報を調べます。私の場合はあくまでも自分の記憶を確認するために使います。

ところで、インターネットの知識を使用する場合の注意点はご存じですか。

二三の注意点をあげておきます。これは情報の信頼性という観点からの注意です。

まず、①誰が作成した情報なのかです。その情報は誰が作成し、その情報に対するその人の姿勢はどんなものであるか、ということです。信頼できるのか、ということです。

次に、②いつ頃の情報なのか。インターネットは十年前の情報も現在のもののごとく表示されます。それは作成した時点は旬ですので最新の情報として記載されているため、読むと十年後も現在の情報のように錯覚します。その情報は今でも通用するのかという信憑性の問題です。

最後に、③その情報はあなたの状況に合っているのかということです。情報を丸呑みにして自分のケースに適用しないように、ということです。

私も、インターネットに情報提供しています。ただ基本的な事しか情報提供しません。複雑な事項は、内容が的確に伝わらないからです。我々がなぜ情報提供するかというと、自己アピールと社会貢献です。もちろん掲載している情報は正しいものですが、一般的なケースについてだけです。複雑なケースには多分合わないでしょう。

社会における問題には、三つ四つの課題が含まれています。インターネットの情報は、その中の一つの課題に対しては正解です。しかし他の課題をみれば情報が不足している場合もあります。ケースが異なるので不正解となる場合もあります。注意してください。

以上、三点は必ず確認してその情報に臨んでください。

介護の世界

1 介護は身近にある

「立てなくなったら、ハイ介護」

公民館で介護の話をするときには、この出だしで始めます。そして「七十五歳、転ぶ、ぶつかる、事故に遭う、足を骨折して全治六十日。もう治っても歩けません」、さらに「リハビリ後、家に帰っても不自由です。歩けない、トイレにもいけないとなるとどうしますか」と、介護が身近な問題であることを伝えます。

骨折で二カ月もベッドに寝ていたら、足の筋肉は落ちてしまいます。自力では立てません。動かすと痛いです。リハビリで元に戻ればいいのですが、手助けが必要となります。介護する側、される側、どちらかは分かりませんが、いつかはやって来る身近な問題です。基礎知識を身につけておきましょう。

2 介護とは

「介護」とは生活支援です。歩けない、動けない。だから生活の世話をしてもらうのです。人に支えてもらいます。これが介護です。

介護は大きく二種類に分かれます。「身体介護」と「生活支援」です。「身体介護」は、食事、排泄、風呂、散歩等、本人の身体に直接かかわる支援です。「生活支援」は身の回りの世話です。掃除、洗濯、買い物、料理等、生活環境を整える支援です。

体は年と共に確実に衰えてきます。筋肉、骨、臓器、脳と各部位が弱ってきます。介護とは筋肉や骨の衰えに関係する支援です。

3 介護制度

介護制度とは、介護保険の仕組みです。介護度の認定や介護サービスの種類や給付の上限額、介護の仕方などを決めています。

介護サービスはいつから受けられるのか？　六十五歳からです。

六十五歳以上の人が、歩くことが不便になったら、生活の支援として、経費の一割負担で各種サービスを受けることができるのです。ただし年金収入とその他の所得金額合計が二八〇万円未満の人です。合計所得金額が高いと負担割合が二割、三割となります。ただし末期がんや関節リウマチなど十六種類の特定疾病の場合は四十歳からでもサービスを受けることができます。

さてあなたはいつからサービスを受けるつもりですか。

これは、それぞれ本人の考え方しだいです。私の母は、杖を使い始めたので「介護サービスを受けようよ」と勧めたのですが、「お上の世話にはならない」とのことで、八十九歳までは手続きをとりませんでした。しかし介護サービスを利用して玄関に手すりをつけてもらったら「上がり降りが楽になった。もっと早くから付けてもらえば良かったね」と言っていました。

人にはそれぞれ信条があるでしょうから、無理にとは言いませんが、生活が楽になると、性格も明るくなり、人生も楽しくなるようです。

4 介護認定の手続き

介護サービスを受けるには、介護の認定を受けなければなりません。その認定を受ける手続きは四段階です。①まず役所に行って介護認定の申請をします。②それと掛かりつけ医に、介護認定を受けたいと事前に話をしておきます。

大切なのは、掛かりつけ医です。役所は介護度を決めるのに申請した人の掛かりつけ医から「主治医の意見書」というものを提出してもらい、参考にして介護度を決めます。

日常生活では「掛かりつけ医」を決めておられると思いますが、決めておられない人は決めてください。そしてそのお医者さんに何でも話をしましょう。内科でもいいのです。足が痛いとか転んだとか、テレビの音が聞きづらいとかオシッコが漏れるなど、いろいろな症状を話しておいてください。それが「主治医の意見書」に反映されて適切な介護の認定ランクになりますから。

③三つ目は、認定調査です。これは役所の担当者があなたを訪問し、どんな状態か

を調べます。質問をしますのでそれに答えてください。注意すべきことは、いい子ぶらないことです。役所の人の質問に、遠慮がちに回答しないでください。気持ちは分かりますが、それでは必要とする介護サービスが受けられなくなるかもしれません。ありのままに、困っていることを少し大げさなくらいにしゃべってください。調査員さんは経験豊富ですので理解してくれます。

④四つ目は、サービスを受けるために「施設」や「ケアマネージャー」を決めることです。申請して三十日したら介護認定の書類が来ます。それが来たら、ケアマネージャーを決め、介護サービスのメニューである「ケアプラン」を作ってもらいます。認定が「要支援」でしたら、近くの「地域包括支援センター」に連絡してケアマネージャーを決めます。「要介護」でしたら「居宅介護支援事業所」に連絡してケアマネージャーを決めます。この点は役所と相談しながら行ってください。以上四つの手続きが必要です。

最後に、介護認定の申請ですが、直接役所の介護担当のところに行ってもいいのですが、近くの「地域包括支援センター」に相談する方法もあります。

地域包括支援センターは介護保険法で定められた、各区市町村に設置された介護の総合的な支援機関です。中学校区のエリアに必ず一つはあります。私の父母の場合は、役所が遠いので直接、地域包括支援センターに相談に行きました。地域包括支援センターの人は、親切で、申請書を書いてくれたり、掛かりつけ医に話をしてくれたりと下準備を全部してくれました。私達は内容を確認し署名押印するだけでした。助かりました。地域によって異なるでしょうが、地域包括支援センターを活用する手がありますので、参考にしてください。

5 認定ランク

介護サービスを受けるには、認定ランクが重要です。ランクは、要支援一、二、要介護一、二、三、四、五の七段階です。

要支援は、要介護にならないための予防支援をするランクです。立つのに杖や支えが必要である、お風呂に入るとき足元が不安なので介助が必要である状態をいいます。ここでは転んだりして骨折しないように、階段の手すりとか浴槽の枠に体を支える道具の設置などの支援をします。

要介護のランクは、それ以上の不自由な状態を示します。寝たきりになりいろいろとお世話が必要になれば要介護三です。特別養護老人ホームの入居資格は、要介護三からです。認定ランクの判定は、主に歩行や日常生活の動作について行われますが、認知症の症状があればそれも要素として加味されます。

6 ケアプラン

これは介護サービスを受ける計画書です。認定ランクの通知を受けたらケアマネージャー（略してケアマネ、介護支援専門員）と相談してケアプラン（支援計画）を立てます。

要支援の方は近くの地域包括支援センターのケアマネと作成します。

要介護の方は、居宅介護支援事業所のケアマネと相談して決めます。

ケアプランが適切であるか否かは、ケアマネの計画しだいです。したがってケアマネの人柄が大切です。もちろんこちらの要望を聞いて、いろいろ考えてくれますが、やはり本人や家族と相性のいいケアマネがいいですよね。万一ケアマネと相性が合わない時は事業所に相談して替えてもらいましょう。ケアマネは、死ぬまで付き合う人ですので。

7「在宅介護」か「施設介護」か

介護を受ける状況になりました。まず介護を受けるのに、どこで受けるのかを決めなければなりません。大きく二つに分かれます。「在宅介護」か「施設介護」かです。自宅でお世話をするのが「在宅介護」です。介護用ベッドを置いて、ヘルパーさんの訪問や訪問入浴などの支援を受けます。被介護者が施設に通うデイサービスなども利用して介護人の息抜きを入れたりして介護を続けます。

「施設介護」は施設に入ってそこで介護をしてもらいます。施設には、「公共施設」と「民間施設」があります。どちらを選ぶか判断が必要です。公共の施設の「特別養護老人ホーム」はすぐには入れません。順番待ちです。その間、つなぎで在宅介護を行います。民間の「介護付き有料老人ホーム」は、すぐに入れますが費用が高くつきます。在宅か施設か、施設なら公共か民間かを決めなくてはなりません。

8 介護サービスには限度額がある

健康保険と介護保険との違いは、介護保険は使用限度額が月額で決まっているというところです。それ以上の利用は介護保険の適用でなくなり、実費負担となります。実費負担になると支払い額は一割負担の十倍の額になります。

月額の限度額は、例えば、要支援一の居宅介護サービスでは一割負担で月五〇〇三円、要介護五で三万六〇六五円です。サービスの料金は、例えば、在宅介護でヘルパーさんに三十分来てもらって食事を介助してもらったら、一割負担で支払い額は二四五円となります。入浴介護で一四〇七円です。この金額は介護保険で決まっています。

一カ月の限度額の中でどんな介護サービスを受けるのかを、ケアマネさんといっしょに計画を立てていきます。

9 在宅介護について

在宅介護は、世話する家族の方の負担が大きくなります。しかしその分、経費は安くつきます。また支援のメニューもいろいろあります。

自宅に来てもらう介護サービスとしては、ヘルパーさんの派遣、訪問入浴、訪問看護、訪問リハビリなどのメニューがあります。

それに介護を受ける人が施設に出向く日帰りのデイサービス、お泊りのショートステイがあります。施設から送迎の車が来ます。これは介護者の負担を減らしてくれます。

その他介護用ベッドのレンタルや家をバリアフリーにするためのリフォームなどの支援もあります。

在宅介護は、家族の方の強い覚悟が必要です。妻が夫を「この家で、私の手で最後まで世話して送りだすんだ」と強い決意と覚悟を持って行われます。立派なものです。

しかし夫はいろいろとわがままを言ってきます。腹も立ってきます。挫けそうになります。

ある人は、夫が亡くなり葬式が終わると、緊張が解けて精神的な疲れがでたのか、今までの介護の辛さや不満の恨み辛みを口にするようになりました。在宅介護は思ったよりも大変なものです。それに平素からその人と同居していないと非常に難しいのが在宅介護です。

10 公的施設について

公的な介護施設といえば「特別養護老人ホーム（略して特養）」です。他に「介護老人保健施設」や「介護療養型医療施設」がありますが、この二つは、リハビリのための施設や医療重視の施設です。公共の老人ホームといえば「特別養護老人ホーム」となります。

この老人ホームの入居は介護の認定レベルが要介護三以上です。しかし希望者が多いので、介護の緊急度をみながら入居が決められます。

この老人ホームは、地域の人を優先する地域密着型と、どの地域の人でも受け入れる広域型とがあります。広域型は住まいから遠方になりますが、入居しやすいことは確かです。しかし老人ホームは終の棲家になります。あまりに遠方だと家族に何かと不便となるかもしれません。

それと老人ホームには、四人部屋と個室（ユニット型）があります。ユニット型は費用が高いのでその分空きもあります。

特養の経費は月額平均十五万円程度です。内訳は「介護サービス費（介護保険分）」、「サービス加算金（施設設備代等）」、「居住費（家賃やベッド、備品代）」、「食費（三食）」、「日常生活費（おむつ、レクリエーション費等）」の項目があります。食費と居住費で月十万円は掛かります。公共の老人ホームは「入居一時金」は不要です。金額は地域や施設によって異なります。

11 民間介護施設

民間介護施設で公共の特別養護老人ホームと同類の施設が、「介護付き有料老人ホーム」です。民間施設には、その他、「住宅型有料老人ホーム」、「サービス付き高齢者向け賃貸住宅」、「グループホーム」、「健康型有料老人ホーム」があります。

「住宅型有料老人ホーム」は、食事洗濯などの生活支援や健康管理のサービスはあるのですが、介護サービスがありません。入居者に介護が必要になれば、近くの在宅介護サービスの事業所と契約してサービスを受けることになります。

「サービス付き高齢者向け賃貸住宅」は、バリアフリーの賃貸住宅に住み、介護は提携先の介護訪問サービスを受けることになります。

「グループホーム」ですが、これは認知症専用の施設です。一グループ五、六人でグループをつくり共同生活で生活を支え合う施設です。

「健康型有料老人ホーム」は自立できる健康な方が家事を老人ホームに任せて、自分は生活をエンジョイするための施設です。介護が必要になれば退去となります。

介護付き有料老人ホームの経費は地域や施設によって大きく異なります。公的な特別養護老人ホームと異なる点は、「入居一時金」が必要です。これは家賃の先払い分です。これが高額です。次に月額費用ですが、内訳の項目は特養と変わりません。ただ、サービス加算金、居住費、食費の三つが公共より高額になっています。月総額にして約三十万円位です。

東京での例ですが、入居一時金七一〇万円、月額総額二八万八〇〇〇円が平均的な金額だと言われています。（二〇一九年一〇月現在）

終末期医療とリビングウィル

1 あなたならどうしますか

あなたのお父さんは末期がんです。意識がありません。食べる力がなくなりました。呼吸や心臓は動いています。身体に触ると温かさが伝わります。このままだと衰弱して死に至ります。

医者は、あなたに胃ろう（腹と胃に穴を開け、管をとおし栄養補給をする施術）をするか否かの決断をせまっています。

父親の意思は不明です。一度胃ろうをすると心肺停止まで、医者はそれを外すことはしません。意識のない状態が何月、何年続くかは分かりません。

あなたは、胃ろうをさせますか、させませんか。

また、これが父親でなく、あなたがこの状態だったら、どうしてほしいですか。

2 終末期医療の課題

自分が治らない病気になったら、考えておかなくては、いけないことがあります。それは「死に方」です。具体的には、治療でトコトン命を奮い立たせ、力尽きた状態で死んでいくのか、人工的に命を永らえさせるのはやめて、肉体の声のままに自然に死んでいくのか、どちらを選択するかです。

これが終末期医療の純粋な課題です。これに年金受給の問題が絡めばもっと複雑な課題になります。

3 終末期とは

「病気で治る見込みがなくて、あと数週間から半年程度で、死に至ると予想される時期」を終末期といいます。

しかし、これでは終末期がいつ頃かは、誰にも分かりません。例えば、がんの第三ステージでリンパ節へ転移していても、その後五年間の生存率は四四％だそうです。死はまだ遠いところにあります。これは終末期ではないですよね。

終末期の容態の変化は、大きく三つに分類されます。がんなどで二～三カ月で急速に悪化し、死に至るケース。心不全とか呼吸不全のように、良くなったり悪くなったりを繰り返しながら徐々に悪化していくケース。認知症や老衰などのように、ゆるやかな下降直線で悪くなり死に至るケースです。

しかしそれがいつ頃から始まるのかは、私達には分かりません。お医者さんの言葉を信じるしかないようです。

4 告　知

告知とは、ご存じでしょうが、患者に病名と症状を医師が伝えることです。

終末期の前に、「告知」を受けることに心積もりをしておいてください。例えば、胃潰瘍だと思っていたら、突然、「検査の結果、胃がんの第四ステージです。五年生存率、数パーセントです。今後こんな治療をしていきます。……」と言われたらショックですよね。となると、どんな心積もりをしておけばいいのでしょうか。

今は、原則として病名と病状は告知するようになっています。しかし「余命告知」は難しいそうです。理由の一つは余命を正確に予測することができないからです。しかし余命は、本人が残りの人生を有意義に送るために大切なものだと思うのですが。告知の課題は、告知を受ける覚悟を平素から持つことです。しかし無理でしょう。想定と本番では全く違いますから。

私は二十七歳独身の時、おたふくかぜに掛かりました。喉が痛いので市民病院の耳鼻咽喉科に行きました。私は扁桃腺が弱いので風邪ですぐ喉が腫れ三十九度も熱がでるのです。また風邪だと思っていました。「おたふくかぜですよ。二十七歳ですね。これは大変です。すぐ入院の手配をします」でした。

子宝がなくなる。待合室で手続きを待っている間、どんどん気分が悪くなり、名前を呼ばれた時には、立てないくらいに貧血になっていました。車椅子を用意され病室に運ばれました。「ああ、もう自分は子供を持てないのか」、大ショックで、なぜか貧

血になったのです。がんの告知は、これよりももっとショックを受けるんでしょうね。（余談：現在、子供三人います）

おたふくかぜの経験から物申して申し訳ないんですが、告知でショックを受けたら、そのまま取り乱して、不安を解消するしかないようです。ショックは理性ではなく肉体が反応してしまいますから。貧血になって意識が遠ざかるのがいいのでしょう。目覚めてからゆっくりと、また告知を受けましょうか。こんどは免疫ができていますから。

5 医療とは

皆さんご存じのように、医療とは「生命の維持、回復を目的とする」もので「死に、手を貸すもの」ではありません。これは重要なことです。

終末期の在宅介護で容態が急変し、家族はあわてて救急車を呼んだ。そして救急隊員に「延命措置はしないでください」と言った。なにか変ですよね。救急は救命のためにあるのですから。

私の父は肺気腫と老衰でしたが、直接は誤嚥性肺炎で亡くなりました。在宅介護でした。だから訪問看護、訪問診療を受けていました。そして延命治療をしないと決めていました。その時しつこく言われたのが、「何があっても一一九番に電話しないでください。容態が急変したら、訪問看護のこの緊急の番号に電話してください。看護師がすぐに来ますから」です。夜、何度か電話したことがあります。

6 延命治療

治療には「延命治療」と「救命治療」があります。「救命治療」は、元の生活に復帰させるための治療です。「延命治療」は、生命を維持するためだけの治療です。そして当たり前ですが、病院は人を生かすために治療を行うところです。終末期で延命治療をやめた後の看取り行為は、ホスピス（緩和ケア病棟）での仕事となります。

生命の維持は、極端にいえば、栄養と酸素と血液とポンプがあればいいのです。すなわち胃と肺と心臓がしっかりしていれば命は永らえさせることができるのです。具体的には、まずは栄養です。栄養の摂取は栄養源を体内に入れればいいのです。飲み込めなくなったら胃に直接栄養源を入れるのです。もし胃が使えなくなったら大静脈から栄養源を入れるのです。生命維持のための栄養は十分確保できます。

次に酸素です。自分で息ができなくなったら、喉に穴を開けて気管に人工呼吸器をつなぎます。あとは機械が吸って吐いてと呼吸を制御してくれます。肺胞が潰れていなければ酸素と炭酸ガスのガス交換はしっかりできます。

最後が心臓マッサージです。心臓が止まったら一分間に一〇〇回ぐらい両手で胸を圧迫するマッサージをします。その他にAEDで心臓を動かす方法があります。

主な延命治療はこの三つです。人工呼吸器や胃ろうの施術をすると、もう外せません。殺人罪になる可能性があるからです。

若い頃心臓にペースメーカーを入れていた人が、今、人工呼吸器を装着して、胃ろうで栄養を補給しています。人間の死は心肺停止です。この人の命はいつまで続くのでしょうか。

7 尊厳死

尊厳死とは、「人間が人間としての尊厳を保って死に臨むこと」といわれています。しかし、尊厳の具体的なイメージが湧きません。要は、「回復の見込みがないなら、チューブや機械をつないで生かされるのではなく、何もせず放っておいて、そのまま自然に死なせてよ」ということです。「自然死」とか「平穏死」とも言われています。

医療が発達して延命の技術が進み、「もういいよ」という以上に、命を永らえさせるようになりました。「もう、そこまでやらなくてもいいのではないか、多分本人もそこまで望んでいないよ」との思いが出てきて、「自然に死なせてくれ、延命治療を拒否するわ」との考えが出てきました。

ただ、医療とは生命を維持することが大原則です。病院では、延命拒否と言われてもしなくてはならないのです。だから、もし、あなたが尊厳死を求めるなら、「延命治療を拒否する」という強い意思を表示してください。

8 リビングウィル

「延命治療を拒否する」という本人の意思を表示した書類を「リビングウィル（事前指示書）」といいます。これは、本人がしっかりした意識のあるうちに、自分の意思として作成したものでなければいけません。

自分の「死に様」として、延命治療を拒否するのであれば、「リビングウィル」を作成し、家族に知らしめ同意させ、それを医師に渡しておくことです。

リビングウィルの文書は、日本尊厳死協会にもありますし、公正証書で作ってもいいですし、インターネットで見本を印刷して、自署捺印し作成することもできます。

私の父は、私がリビングウィルの文書を作成し、本人と家族全員が自署捺印しました。それを父が寝たきりになった時に、在宅介護の掛かりつけ医に提出して、延命治療をしないということで了解をもらいました。

リビングウィルには、①本人の状態が終末期であること、②栄養補給を拒否すること、③人工呼吸を拒否すること、④輸血や薬や点滴を拒否すること、⑤緩和ケアは施してほしいこと、などを明記します。

最後に重要なことをいいます。リビングウィルは法的効果がありません。あくまでも医師や病院に納得してもらい、本人の意思を尊重して延命治療をやめてもらうものです。

9 終の棲家

エンディングノートに「終の棲家はどこが希望ですか。家、病院、ホスピス」とあります。終の棲家を選ぶとは、自分がどこで息を引き取りたいか、その場所を選ぶということです。終の棲家の場所は数箇所しかありません。「自宅」か「子供のところ」か「病院」か「ホスピス」か「老人ホーム」です。

例えば、婆ちゃんが田舎の家で一人で生活しています。子供達は都会で家庭を持っています。だから田舎の家には帰って来れません。婆ちゃんは一人で老人ホームに入ることになります。婆ちゃんの終の棲家は自宅があっても自宅ではなく、施設になります。

終末期医療の本では、「終の棲家は自宅がいいです。本人に笑顔がもどりますから」と書いてあります。まあ、そうでしょうが、人にはそれぞれの事情があります。終の棲家はどんな所でもいいのです。しかし施設等で邪険に扱われることがあったらイヤですよね。そうなるとホスピスか自宅ですね。

終の棲家、自分で覚悟してください。家族と話し合いながらそれぞれの事情で決めるしかありません。所詮、人は生まれるのも独り、死ぬのも独りです。終の棲家、あまりこだわらなくてよいのでは。我々の究極のふるさとは宇宙です。

10 緩和ケア

終末期には、痛みだけでなく、いろいろな苦痛が発生します。それは、病気の肉体から発生するものです。痛いのはイヤです。痒いのもイヤです。そんな時には「緩和ケア」を積極的に行ってもらいましょう。そして最後まで気持ちのいい生活を目指しましょう。仮に緩和ケアで死期が早まっても、それは本望ですよね。

11 安楽死

安楽死は日本では認められておりません。安楽死は、薬物を投入し、人為的に死を迎えさせるものです。積極的安楽死といいます。外国では法律で認められた国もあります。尊厳死は、消極的安楽死と言われています。しかしこの二つは異なるものです。

12 最後に

終末期医療の話になると「死に方」の話になります。尊厳死や安楽死などの話です。思想家西部邁氏は自裁しました。多摩川に入水自殺したのです。「この世でやることはやった。もうやることはない。そして介護等で家族に迷惑をかけたくない」と自らの命を裁いたのです。この自裁死をどう判断していいか分かりません。後に続いていいのか、非難されるべきものなのか。

しかし老人の「死に方」の一つに「自裁死」が加わりました。武士道とは死ぬことと見つけたり。死に方に対して「延命死」、「尊厳死」、「安楽死」、「自裁死」と四つの概念が出てきました。

さてさて私はどの「死に方」を選びましょうか。

認知症と後見人

認知症の話というと、大きく三つに分かれます。一つは病気としての認知症について、二つ目はその介護について、三つ目が後見人についてです。終活では主に後見人の話になります。

1 病気としての認知症

一年前に映画、「ぼけますから、よろしくお願いします」（信友直子監督）を見ました。認知症が進行する母の姿のドキュメンタリー映画です。

この映画はアルツハイマー型認知症の母の姿を捉えたものです。病気が進行する姿を日常生活の中で映しています。本人はボケていくということが分かるのです。そこには自分ではどうにもならない辛さと悔しさとがあります。殺してくれと包丁を持ってあばれました。切ないです。身につまされました。認知症にはなりたくないと思いました。その母は八十三歳で発症したんです。

認知症は脳に不要なたんぱく質が溜まり、それが脳細胞に悪さをする病気だそうです。現在の薬は、治すのではなく進行を遅らせるだけだそうです。

この病気の対処法はお医者さんから聞いてください。今元気な時の対策としては、予防方法を聞いて対処することでしょうか。

2 認知症患者の介護

認知症患者の介護が大変なことは想像できます。認知症患者の具体的な対応の話になると、これは友の会とか認知症の介護のグループでの話となります。

ところで、認知症には、「アルツハイマー型認知症」とは別に、もう一つ「レビー小体型認知症」があります。こちらのほうが大変だそうです。それは幻覚が見えるからです。幻覚は本人にとっては現実です。実際にその人の脳が認識しているのです。

私の知り合いに、八十歳を超えた認知症の父母を自宅で、一人で介護している娘さんがいます。母はアルツハイマー型、父はレビー小体型です。娘さんとは、気分転換になればとメールで話をしています。よく聞く話はレビー小体型特有の出来事です。「床に大きなゴキブリがいる。叩け！　叩け！」と叫ぶ父、そして新聞紙を丸めて床を叩くんです。実際は床のシミでした。

「人が鍵を開けて入ってきて首を絞められた」と本気で話をするんです。初めは信じて、玄関の鍵を交換したそうです。これがレビー小体型の症状だと分かってやっと対処ができたそうです。さらにこれに老いの症状も加わってきます。やはり大変です。

ある時、娘さんから相談を受けました。

娘さんと仲のいい従姉妹さんが居て、東京で看護師をしています。その従姉妹さんがアドバイスをしました。「なぜ薬を飲ますのか、もうやめたらどうか。認知症の薬は進行を遅らすだけで、治すものではないんだから」と。

だから今真剣に悩んでいるとのことでした。「私ならどうするか」と聞かれました。どう回答すればいいでしょうか。

四十歳過ぎの若年性認知症なら、まだ生活があるから進行を遅らせて生活を維持させなければなりません。しかしもう八十歳過ぎた老人です。成り行きに任せるというほうが自然ではないのかということでしょうね。しかし「飲ませろ」と回答しました。

3 認知症と後見人

認知症患者の生活上の問題は、財産管理ができないということです。

例えば八十歳の父が、アパートを所有、管理していたが認知症になった。家賃の督促やらアパートの修繕などは父がやっていた。これができなくなる。

ましてや大規模修繕などの業者との契約はできない。これではアパート経営ができません。生活が困ります。なんとかしなくてはなりません。

解決法は、父の代理人を立てることです。これが後見人です。では、なぜ後見人かですが、認知症患者は行為能力に不安があります。自分で委任契約が締結できません。よって法的な手続きが必要です。そこで家庭裁判所で後見人を立ててもらいます。これが「法定後見人」です。

もし父が行為能力のある内に、自発的に、認知症になることを危惧して、早々に自分で後見人を選び、後見契約を締結すれば、それはそれで後見が成立します。これを

「任意後見人」と呼びます。

4 後見人の問題点

後見人は、被後見人の財産を自分一人で扱う権限があります。すると独占、独断の意識が芽生えるのでしょう。金銭を着服する不祥事や、親族が本人の生活改善を頼んでも動いてくれないという問題が発生します。

法定後見人は家庭裁判所が決定します。制度が始まった頃は、家族を後見人に指定していました。ところが後見人が、将来、相続で自分の財産になるのだからと本人の財産を使い込みするようになりました。それで他の親族から苦情がでるようになりました。

そこで家庭裁判所は、後見人に信頼できる弁護士や司法書士等の専門家を当てる方針にしました。特に財産の額が多い被後見人には、弁護士を就任させました。しかし、弁護士にもいろいろな方がおられます。何か事情があるのか、領収書を偽造して被後見人の財産を着服するような人も出てきて、それが新聞を賑わす程あるのです。世間では専門家の後見人に不審を抱き始めました。

そこで最高裁判所は、二〇一九年三月十八日に後見人には「信頼できる身近な親族を選任することが望ましい」との考え方を示し、後見人の交代を行うことを考えています。「ええ、元に戻って大丈夫なの」との疑問が湧きますが。

後見人の課題は、人の財産を適切に管理できるかどうかです。後見の目的は認知症になった本人のために本人の財産を適切に管理運用することです。

ところで余談ですが、これに似た制度があることをご存じですか。それは「家族信託」制度です。一度「家族信託」制度を見てください。

5 後見人の仕事

後見人の仕事は、大きく三つあります。「本人の生活設計」、「日常業務」、「突発事項の対応」です。

その前に一つ手続きが必要です。それは各関係機関へ「後見人の届出」をすることです。今後の後見人の業務をスムーズにするためです。市町村役場の福祉課、金融機関、年金事務所、関係施設などにです。この時、自分が後見人であることを証明する「後見登記事項証明書」が必要となります。法務局で取得できます。

「本人の生活設計」は、具体的には、財産目録の作成と月間、年間の収支計画の作成です。しかし今まで生活してきていますので、そのパターンを踏襲するような計画が自然です。

「日常業務」ですが、これは本人の生活維持の仕事です。具体的なお金の出し入れや各種契約事務です。もちろん出納の記録や証拠の保管は必要です。そして少なくとも年一回は、財産目録と収支報告書を作り、家庭裁判所等に報告します。

ここで気をつけることは、預金通帳です。新たに後見人用の通帳を作らなければなりません。本人や後見人名義の通帳を流用することはできません。「被後見人○○○○成年後見人△△△△」という名義の通帳を作成し、お金の区分をはっきりさせます。

「突発事項の対応」です。日常業務以外の仕事という意味です。例えば、認知症になった後に、身体が衰え入院や施設への入居が必要になることがあります。病院や施設の手続きを取ること、これがこの業務にあたります。ここでの注意点は、家族や親族ではない後見人は、施設や病院での本人の「身元引受人」や「身元保証人」にはなれないということです。あくまでも本人の代理人だからです。

次に本人が、亡くなった父母の法定相続人になった場合です。後見人は遺産分割協議に本人の代理として参加します。後見人の目的は本人の相続分を確保することです。家庭裁判所と協議し進めていきます。このとき後見人も同じく法定相続人であれば、利益相反に抵触し本人の代理はできません。本人側に特別代理人を立てなくてはなりません。

6 後見人になる手続きと期間

法定後見人と任意後見人とでは手続きが異なります。

法定後見人は、家族や親族等が家庭裁判所に申し立てます。手続きをする場合は、法定後見人の申し出をする前に管轄の家庭裁判所に電話してください。事前に後見制度のビデオを視聴し後見制度の勉強をしますので。

任意後見人は、任意後見契約を締結すればいいのです。本人がしっかりしている内に、任意後見契約で後見人や代理業務を指定します。契約書は公正証書で作成します。任意後見の開始は、契約の相手方が、家庭裁判所に後見監督人の選任の申立てをし「任意後見監督人」が選任されて始まります。

法定後見人が決まるまでの所要期間ですが、申立てから約六カ月掛かります。この期間はやはり長いです。思い立ったら早めに行動しましょう。私が民生委員をしていた時に係った事案で、後見人が選任された日の打ち合わせの時に、本人が亡くなったとの連絡が入りました。ベッドから落ちて、病気が急に悪化したそうです。まさかですよ。

後見人が確定したら家庭裁判所は、後見人の登記を東京法務局に行います。その登記終了後、家庭裁判所から通知がきます。これで申立てから後見人就任までの手続きが終わります。

法定後見と任意後見はどちらが優位かと言えば、任意後見です。任意後見があれば法定後見より優先されます。それは本人の意思が反映されているからです。

7 費用

後見人の申し出等の手続きに必要な費用は、法定後見人の場合で六万円位です。これには認知症の判断の鑑定料五万円が含まれています。

任意後見手続きの費用は、契約書を公正証書で作成するので三万円位必要です。

費用はこのほかに、後見人等の報酬が発生します。後見人に専門家が選任されると、報酬が発生します。目安では後見人で年額六〇万円位、後見監督人で年額四〇万円位です。報酬額は業務内容によって異なります。

8 後見の終了

後見人の業務は、本人が死亡すれば終了します。本人の財産は相続財産になります。そのために財産を整理して報告書を作成し、家庭裁判所等に報告し、相続人に引き渡します。これは死亡から二カ月以内に行います。そして後見人の終了登記を行います。

これで後見人の仕事は終了します。

任意後見人の業務終了の事務は契約書に記載してあります。

9 補完制度

「見守り契約」、「財産管理等委託契約」、「死後事務委任契約」というものがあることはご存じですか。

任意後見の制度を活用する場合、契約して認知症になるまでの間に病気になることがあります。それと後見業務に葬式やお墓の手続きは含まれていません。じゃあ亡くなったらどうするかのという問題が生じます。それらを補完する制度が、「見守り契約」、「財産管理等委託契約」、「死後事務委任契約」です。

「見守り契約」は、「変わりないですか？」と月に一回声を掛けて安否確認する契約です。しかしこれが必要かどうかは状況によります。他の契約で安否は確認することができるからです。

「財産管理等委託契約」は、年金の出し入れや通帳の管理等の契約です。これは認知症になる前に介護生活に入った場合等で必要になります。

「死後事務委任契約」は、葬式や納骨をお願いする契約です。身寄りがないのであれば必要です。遺体を焼いてもらって、お骨をどこかのお墓に納骨してもらわなければなりません。

そのほかに「遺言書」の作成があります。残った財産をどうするのか。施設に寄付するのか、誰かに遺贈するのか、最後の始末をしなければなりません。やはり独りというものはいろいろ大変です。

以上、認知症と後見人について概要を説明しました。

家族信託

新しい資産承継の制度、「家族信託（民事信託）」について紹介します。

父は賃貸業で生計を立てている。七十歳を過ぎた頃から、「年だ、疲れた、疲れた、お前、代わりにやってくれよ」と言っていた。私は同居している長男です。父が七十五歳になったとたん、急に本気で言い始めた。

「隠居したい。アパートの管理をお前がやってくれ。だが家賃収入は私や母さんの生活費だから、私達が受取ることにして、アパートの管理だけやってくれ。そして私が亡くなっても、母さんが亡くなるまで管理して、母さんの生活を守ってくれ。最後はお前のものにするから。どうだ」とのこと。

「そんなことができるのか?」と言ったら、「家族信託という制度があるからできる。勉強してみろ!」と返ってきた。

1 信託について

「信託」といえば、「○○信託銀行」、「△△信託銀行」の金銭信託で大金の資産運用を思い浮かべます。我々は、信託といえば信託銀行の信託しか知らないのです。これは国が大正時代に信託業法を厳しくして、信託業の取り扱いができるのは大手信託銀行だけにしたからです。この営利事業の信託を「商業信託（商事信託）」と呼びます。

二〇〇七年に小泉首相が経済の自由化で信託法を改正しました。信託が欧米並みに開放されたのです。それから十数年、今、「家族信託（民事信託）」が専門家の中で話題になっています。資産管理、資産承継の一つの手法として取り上げられ始めたのです。この仕組みは、商業信託の仕組みと変わりません。ただ違うところは、受託者が無償の行為であるというところです。だから家族信託と呼んでいます。

現在、信託といえば、①営利目的の大手信託銀行を受託者とした「商業信託」と②非営利目的の家族や親族を受託者とした「家族信託」との二つの制度があるのです。法律的には①「信託業法」と②「信託法」です。

この「家族信託」制度を知ると知らないとでは資産管理の幅が大きく違ってくると思います。

2 家族信託の開始時期

家族信託は信託契約で成立します。だから財産の持ち主の考え方次第で、いつでも始めることができます。当然ながら財産の持ち主で委託する人は、契約行為ができる状態である必要があります。家族信託の検討時期は、財産の持ち主が「そろそろ隠居したいが、しかし生活費は確保したい」という思いになった時です。また信託財産は、全財産でなくても一部の財産の信託でもいいのです。なにか勝手な都合のいい契約に見えますが、これが可能なのです。

3 家族信託の基本形

家族信託の基本形はこうです。

「委託者」がいます。財産を持っている人で、その財産の管理運用を任せたい人です。「受託者」がいます。委託者から財産を託され管理運用する人です。

もう一人「受益者」がいます。その信託財産から得られる収益を受取る人です。

この三者の立場の人が必ず必要ですが、財産を委託する委託者と利益を得る受益者は同一人物でも構いません。

あとは、管理運用を任せる財産である「信託財産」と何のために信託するのかという「信託目的」が必要です。以上が基本の構成要素です。

用語を使えば、何か目新しいものに見えますが、そんなことはありません。現に商業信託は、私達が自分の現金である財産を、信託銀行に委託し、その収益は自分が受益していました。私が委託者＝受益者で受託者は信託銀行でした。この受託者を「家族」に代えて報酬を「無償」にすれば、家族信託の基本形となるのです。

この家族信託が、資産管理や資産承継に幅広く活用できるのは、一旦契約をすると、委託者が認知症になろうと死亡しようと、信託の目的が完遂されるまでは信託契約は続いているという点です。人が亡くなってもその意思がそのまま継続し、財産が管理される手法はほかにはないでしょう。成年後見制度は本人が亡くなれば終了します。

それと「受益者」は父から母へ、母からさらに別の子へ引き継がせることができるのです。そして最後は管理してくれた受託者に相続できます。

今までの制度で、生前の財産管理委任契約と認知症発症後の成年後見制度、さらに受益者死亡時の相続、その後の二次、三次相続が取り込め、契約終了後は財産の帰属先を指定しその人に渡す遺言書の役割をする制度はありませんでした。

家族信託は四役を兼ねる制度で、それは信託契約の設計しだいです。都合のいい制度に見えますができるのです。

4 信託法における所有権について

信託法では、「所有権」が「管理・運用権」と「受益権」に分かれ、受託者と受益者に渡されます。

例えば、委託者が持っていた賃貸不動産の所有権を、受託者に「管理・運用権」として渡し管理運用してもらいます。受益者に「受益権」として収益を渡します。信託期間中は、所有権を二分して取り扱います。そして信託契約が終了すれば、元の所有権に戻ります。今まではこんな概念はありませんでした。あえて言えば「所有権」が「借地権」と「底地権」に分かれる感覚でしょうか。

不動産の登記は、所有権者欄に受託者の名で信託登記されます。これは信託契約が終了すると、信託登記は抹消され、普通の所有権に戻ります。

家族信託は、新しい制度です。この概念を理解していなくては使えません。だから専門家に普及するまで、法改正から十数年掛かりました。これが世間一般に普及するにはあと数年は掛かるのではないかと思っています。

5 信託における税金

家族信託における税金関係です。

不動産取得税については、受託者に不動産が移りますが、信託登記ですので不動産取得税は対象外です。次に固定資産税ですが、これは受託者に課税されます。受託者は受益者の収益から税金を支払います。所得税は受益者にかかります。受益者は所得税の確定申告をすることになります。

さて父が亡くなり、受益権が母に移ると母に相続税がかかります。しかしこの財産は相続財産ではありません。遺産分割の対象にはなりません。契約書の内容どおり母に受益権が移るだけです。信託契約の終了を母の死亡とすると、母が亡くなれば信託契約が終了し、契約書で不動産を長男に帰属させると、長男に相続税がかかります。税金関係はこんな感じです。詳しくは家族信託に詳しい税理士さんに聞いてください。

6 家族信託の応用例

家族信託は、委託者、受託者、受益者、信託財産、信託内容、そして資産の帰結先が決まれば設計が可能です。

（自益型） 基本形で、委託者＝受益者は父、受託者は子です。これは自分の財産の管理を家族に任せ、自分が利益を得る形です。

（他益型） 受益者をはじめから「母」にします。委託者父、受益者母、受託者子にすると、財産の利益を遠方の施設で療養中の母の生活費として渡すことができます。父が亡くなっても、子が母に生活費を渡してくれます。高齢の母は安心です。

（共有型）委託者は持分共有の兄弟二人で、受託者はその道のプロの姉の長男にします。これなら兄弟喧嘩しないでしょう。それに姉の子の名義で一元的に管理運用できます。もちろん土地からの運用益は、土地の持分で兄と弟に分配されます。

（ペット型）委託者は犬の飼い主、受託者は親戚のおばさん、受益者は犬のお世話をしてくれる人で、信託財産は犬と飼育費の金銭です。

犬の飼い主である委託者が老人施設に入る前に、受託者である親戚のおばさんに、犬のお世話料を預け、犬の経費の支払いをしてもらう信託契約をします。そして実際には犬のお世話をしてくれる受益者に世話をしてもらい、親戚のおばさんがその費用を支払います。ペットを死ぬまでみてもらい、殺処分することなく安心できます。

家族信託制度は、信頼という絆を元に、その設計の仕方でいろいろな価値が出てくるユニークな制度だと思います。

葬式

1 葬式は誰のためか

葬式は誰のために行うのか。

それは一番悲しんでいる人のために行うのです。

今まで、職場、地域、親戚の葬儀など何度も出席したことがあります。しかしすべて他人事でした。この度父の葬式を仕切って分かりました。

「そうか、この葬式は母の満足のいく葬式にしてやろう」と。

私、父が亡くなっても悲しくないのです。一年間寝たきりの姿に接してきたので、死を覚悟していましたし、葬式をどう行おうかと考えていたからでしょう。父が死んでからはバタバタしました。お寺さんや葬儀屋さんとの打ち合わせです。一つひとつ判断しなくてはならない時に、浮かんできた思いがあります。「死んだ父はもう遺体だ。これは尊厳を持って扱えばいい。それより悲しんでいる母に、悔いのない葬式を出してやろう」と。だから判断は一旦持ち帰り母に選択させました。

葬式が終わりました。遺骨を自宅に持ち帰り、後飾りをした後、遺影とお骨の前で母は「よかった、よかった」と連発してくれました。私は、「無事役割が終わった」と思いました。

葬式は誰のためにするのか？　そう、残された人で一番悲しむ人のためにする。死者との結びつきに引導を渡し、悲しくても明日から生きて行く力を与えるためにするのでしょう。

2 喪主の注意事項

喪主を務めるときに、気をつけることが二点あります。

当然ですが、「死亡診断書」を医者から入手することと、「戒名」の決定です。

死亡診断書はコピーを四、五枚取っておいてください。生命保険等で使用するところがあります。この死亡診断書を葬儀屋さんに預けると、あとは葬儀屋さんがやってくれます。役所に「死亡届」を出し、「火葬、埋葬許可証」をもらいます。火葬が終わると「埋葬許可証」を渡してくれます。その時、「お骨をお墓に納める時に必要ですから、これは失くさないでください」と何度も念を押されました。後飾りの際に母に渡しました。

次に注意することは「戒名」です。戒名は故人のあの世での名前です。お寺さんと話をして決めました。「院号」と「位号」をどうするかです。院号は「〇〇院……」の「〇〇院」で、故人が所属するあの世の寺院の名前だそうです。位号は「居士、大姉」や「信士、信女」のことで、あの世での位だそうです。私が迷っていたら、故人のお父さんの戒名を調べてくださいといわれました。ご先祖様に右へ倣え、で決めましょうとのことでした。

今振り返って良かったことは「香典なし」にしたことです。当然ながら葬式後の香典の後始末がありません。それに伴い満中陰のお返しの手続きもなくなります。昔、祖父の葬式のとき父達が香典の計算やお返しについて時間を割いていたことを思うと楽だと思いました。

3 葬儀の種類

最近多いのが「家族葬」です。家族葬は一般的な葬儀より参列者の数が少ないというだけです。九十歳前後で寝たきりで亡くなれば、地域社会との交流もありませんので、身内だけの葬式となります。しかし地域によっては、家族葬と聞いても町内会の人が、葬式の会場に来られます。生前のお付き合いからぜひ、お見送りしたいということです。

「直葬（ちょくそう・じきそう）」というものがあります。死亡した後、霊安室で二十四時間過ごし、直ぐに火葬場に行き荼毘に付します。お骨は無縁仏を受け入れてくれるお寺に預けます。同業者から聞いた直葬の例です。彼は身寄りのない人の任意後見人をしていて、死後事務委任契約で直葬をしました。

「自由葬」です。これは自分の葬式を企画立案するものです。結婚式のように、生前に計画を立てるのです。家族だけでなく音楽のサークルの仲間とか、スポーツの仲間とか、気のあった仲間と一緒に計画するのです。ならば早めに企画しておかなくてはいけません。いつ亡くなるか分かりませんので。

早めの計画というと、最近「生前葬」が言われ始めました。知っているお寺さんの月刊誌にも生前葬の案内がありました。生前戒名をもらい、本格的な葬儀を行います。それとは別にそこのお寺では入棺体験二〇〇〇円というものもあります。死を体験して、今生きていることを大切にするためとのことです。

生前葬のメリットは、本人が知人達にお礼を述べることができることや、葬儀の企画が自分で出来るというところです。デメリットは、実際に亡くなった時は、もう一度直葬をしなくてはならないことです。日本は荼毘に付さなくてはなりませんので。

4 葬儀の経費

葬儀の費用は、葬儀屋さんによって料金が異なるので、一口に説明するのは難しいです。

見積書の費用の項目を見て行きますと、「葬儀プラン一式」というものがあります。次に「火葬費用」、「料理費用」、「会葬費用」、「お寺さんの費用」と五つに分けることができます。

「葬儀プラン一式」には、遺影、額、寝台車、役所の手続き、焼香用具、納棺一式（白装束）、棺上花束、ドライアイス、霊柩車、祭壇、棺、骨壺、お化粧、後飾り、受付、施行担当者経費などがあります。この中で「棺」を白木にするか布張りにするかで料金は違います。「祭壇」はどのランクにするかで値段が変わります。「花束」をどれだけ準備するかで料金が変わります。

「火葬費用」は、火葬場の費用です。控え室を取り飲食をすればそれだけ高くなります。「料理費用」は、通夜の料理、精進落としの料理の飲食代です。「会葬費用」は会葬者への礼状、返礼品です。「お寺さんの費用」は戒名やお経などにたいするお布施、謝礼です。

身内二十人程度で家族葬をしたいと葬儀屋さんに話をしました。二十年前から会員になって積み立てをしている葬儀業者です。家の近くの会館で二階が家族葬専用の式場になっているとのことでした。設備が立派です。白木の仏式の祭壇はなく、洋風の祭壇でシンプルながら豪華な設備になっています。通夜ぶるまいの場所や宿泊設備も一流のホテル並みで、洗濯場もあります。もちろん二階は貸切です。

まあそこに決めたのだから、満足しているのですが、会葬者二十人で経費一五〇万円です。家族葬だからといって一律に安くなるものではなく、費用の額はメニューの選択の仕方でした。葬儀は、孫ひ孫にとっては初めての体験ですし、皆が満足してくれたからいいかとの思いです。

葬式の費用は、やはり本人が準備しておくべきものでしょう。生前に渡しておくとか生命保険で対応するとかで、金額的には家族葬で一〇〇万円程度でしょうか。

5 葬式の導師

父が七十歳の時、私が父に「うちはどのお寺に葬式を頼めばいいのか」と聞きました。

父は転勤族で、今のこの地に住宅を建てて終の棲家としたのですが、ここは郷里ではありません。田舎は他県です。だから墓もない、仏壇もない、お寺もないのです。父が死んだらどこのお寺に導師を頼めばいいのか、喪主として困ります。まさか田舎のお寺から、ここまで旅費を出して泊まりで来てもらう程の由緒ある家ではないですし。

それで取った方法は、本家に電話して菩提寺の名前と電話番号を聞きました。次にそのお寺に電話して、この地で葬式を出すので、系列で近くのお寺を紹介してほしいとお願いしました。すぐに名簿を見てくれて紹介してくれました。郷里は日本海側の県、ここは瀬戸内海側の県です。宗教の事情が全く違うのですが、かろうじて県内にひとつありました。

後日、父とそのお寺に挨拶に行き、檀家の手続きをしました。その後寺から行事の案内ハガキが来るのですが無視していました。

それから二十年、父が危なくなりそうなのでそのお寺に、挨拶と万一の時のお葬式をお願いに行きました。住職は代替わりしていました。それに二十年間行事に参加せず不義理をしていたので、父の名が檀家の名簿にないのです。それで、二十年前の話をして、郷里の菩提寺に電話してもらい、檀家に認めてもらい葬式の導師をお願いしました。

葬式の導師を誰にするか悩みます。都会で生活していては自分のお寺さんが分かりません。その道の本には、葬儀屋さんに頼みなさいと書いてあります。しかしアルバイトのお坊さんに引導を渡してもらうのですか。ちょっと気になります。それより本家の菩提寺を調べ、そこに電話して同門で近くのお寺さんを紹介してもらうほうがいいでしょう。

紹介したお寺さんも、紹介されたお寺さんも同門です。小坊主の時の修行先は一緒ですから知り合いかもしれません。それに同じ宗派ですから喜ばれます。こちらに対する扱いが一見客から檀家扱いと丁寧になります。またお布施も戒名代も率直に聞けます。

それに四十九日までは、ふた七日、み七日と七日ごとの法要がありますので同じお寺さんに来てもらえます。

6 お坊さん

父の葬式でのお坊さんの読経には満足しました。

よその葬式に行って、他人事ながら「えぇ、これでお坊さん?」と感じることがあります。お経の読み方やその後のお話で落胆することがあります。私、仏教はちょっとかじっていたので「もっとありがたい話をしてほしいね」と思ったりしました。

　自分の葬式を想像するとして、導師さん一人でいいので、信頼できるお坊さんに「喝！」と引導を渡してほしいものです。死後はどんな世界か分かりません。焼かれて煙になり宇宙に帰るのは確かです。しかし遺体の周りに未練の「気」があり、中に浮いているとか言われます。まあ、どんなものでもいいんですが、ケジメとして「喝」を入れてもらい、現世の未練を蹴散らしてほしいものです。そのために、これというお坊さんを選べられないかな、と思っています。

　お坊さんについて、宗派別にミシュランガイドのようなものがあれば参考にするんですが。

　生前にお坊さんを選んで、お坊さんと自分の葬儀の企画立案をする。私が迷わず成仏し、現世に残った遺族が元気で生活するような葬式をしてみたいものです。

お墓

1 墓じまい

墓埋法（ぼまいほう）をご存じですか。「墓地、埋葬等に関する法律」を略してこういいます。この世の中は法律だらけです。この法律が関係あるのは、「墓じまい」の時です。先祖のお墓やお骨を移したりする時にこの法律が関係してきます。

墓じまい（改葬）の手順はこうです。

田舎の父母のお骨を、都会の納骨堂に移すときには、①受入先の納骨堂から「受入証明書」または「永代使用許可書」をもらいます。②今のお墓の管理者のところに行き、「埋葬証明書」をもらいます。③今のお墓のある市町村役場の墓地を担当している係に行き、「改葬許可申請書」をもらい必要事項を記入し署名捺印し、先に入手した「埋葬証明書」と「受入証明書」と一緒に提出します。④すると「改葬許可証」が発行されます。⑤それを持ってお寺に行きお骨を取り出します。お墓の前で「閉眼供養」のお経をお寺さんに読んでもらいます。⑥次に納骨先にいき「改葬許可書」を提出しお骨を埋設します。その時「開眼供養」の法要を行います。これが墓埋法の指示による墓じまいや改葬の大きな流れです。なお供養については指示はありません。

墓じまいの大変なところは、お骨を取り出すときです。綺麗に骨壺に納まっているのか、水が入って崩れていないか、誰のお骨か識別できるのか、といろいろな問題があります。その処置として、洗って乾かす、とかが必要になったりします。墓石の解体業者でお骨を綺麗に整えてくれる業者もいます。改葬するなら事前にお骨の状態を確認する必要もあるかと思います。

もうひとつの注意点は、墓地のあるお寺さんとの関係です。墓をしまうのに離檀料が必要となることがあります。事前に相談しながらやってください。

2 お墓は誰のためか

お墓はお骨を納めるためのものです。お墓は生きている人の祈りの場です。私の妻は、お彼岸や何か困ったことがあると実家の墓参りをします。人は亡くなって姿形を失っても、人の心には生きています。そしていろいろと支えてくれるものです。やはりお墓は大切なものでしょう。

しかし四、五代前に遡るとご先祖様の顔や名前は憶えていません。ここら辺から人は完全にこの世から消えてしまいます。しかし先祖がいるから今の私が居るのは確かです。今自分は一人で生きている。そうでしょうが、父母の二人が居たから今の自分がある。祖父母の四人が居たから父母がある。曽祖父母の八人が居たから祖父母がいる。お墓はこんなつながりを思わせてくれるものとして大切にしておきたいものです。

3 墓の種類

今、樹木墓が人気のようです。

桜の木を中心に大きな円形の芝の墓地があり、その表面に、間隔を取って名前を記したプレートを置く場所がある。その下には円柱の穴があり故人のお骨を埋めていく。独りで一つの物もあれば、夫婦で一つの物もある。家族用の物もある。少し深さが異なるだけです。こんな樹木墓に人気があるようです。

先日、お客様からの依頼で、樹木墓の売りだしの墓苑を調べました。夫婦用と家族用が同じ値段でした。なぜ？と聞きました。お骨は麻袋に入れて埋葬するので土に帰るのだそうです。だから二十年すれば次のお骨も入れることができるそうです。供養は永代ですので、万一身内が絶えても心配ないそうです。

そこの墓苑の人が言うには「春は花見に、秋は紅葉狩りに来てください。桜の葉は秋には赤くて綺麗ですから。そして休憩所で家族で食事をしてください。春は花見、秋には紅葉狩りを兼ねて供養に来てくださいい」とのこと。お客さんに「これはいいね。

私も考えよう」と報告しました。

お墓の種類には、「石碑の墓」、「納骨堂のお墓」、「樹木墓」、「散骨」、「手元墓」の五種類があります。「石碑の墓」は今までのお墓です。「納骨堂」のお墓はお骨の団地です。しかしお参りの都度、正面の豪華で厳かな祭壇にお骨の入ったボックスが恭しく現れます。三十分はその祭壇を独占できます。充分故人とのお話ができます。「樹木墓」は先に述べました。「散骨」は粉にしたお骨を故人が願った海に山に空に撒くことです。業者に頼めば散骨の日時場所、緯度、経度を記録したプレートや写真で散骨の証を作成してくれます。「手元墓」ですが、自宅に飾る仏さんの形をした人形の中に、お骨を粉にしてカプセルに入れそれを保存し、居間に置いておくものです。ペンダントにする人もいます。これが手元墓です。散骨と組み合わすといいでしょう。

お墓の選択は、今の世、その人の考えで、それぞれの事情で、何でもいいのではないでしょうか。

4 祭祀の承継

相続の一つに、祭祀の承継があります。民法八九七条です。

祭祀の承継とは、財産的には、お墓とか仏壇とか家系図とかの引継ぎです。行為としては、法要の実施、お墓の管理、檀家の承継があり、名義書き換えなどの手続きが発生します。

現代は誰がこの祭祀を承継するのかが問題です。核家族の社会で若者には祭祀承継の意識が芽生えていません。さて祭祀の主宰者ですが、遺言での指定が第一です。指定しない場合は慣習に従います。長男か配偶者が承継します。

お墓等は相続の対象外です。相続財産にはなりません。持分もありません。もちろん税金も掛かりません。

祭祀の主たる行事の法要ですが、当面は故人の法要があります。一周忌は一年目、三回忌は二年目です。あとは七回忌、十三回忌、十七回忌、その後は二十三、二十七、そして三十三回忌で終わりとするようです。回忌の年数計算は、暦の年数計算と違います。俗に「数え」で計算するようです。

三十三回忌で終わりにするのは、ご先祖様は地域の氏神様になられるからだそうです。だから個人的な法要は取りやめるということらしいです。しかし代々継いで五十回忌をされる家もあります。

ところで法要の意味ですが、仏教的に歴史的に、インド、中国などを探っていくといろいろな考え方があります。しかし日本では、故人を偲び、親族血族が集まりその絆を確認する意味があるようです。

そうなると兄弟骨肉の争いとなる相続争いは避けたほうがいいですね。

5 仏壇

仏壇ですが、これはお寺を意味します。自宅にお寺を設け自分の宗派のご本尊様を祭り、毎日仏様に手を合わすというものです。そしてご本尊様の横に父母の位牌を置き、共に供養するのです。

日本人はほとんどが仏教徒ですので、昔は結婚したら新居に仏壇を備える習慣があったそうです。身近に亡くなられた人がいなくても自分の宗派のご本尊様、例えば「大日如来様」を置き、お参りしたそうです。

最近は、身内が亡くならないと仏壇を置きません。父母の位牌の置き場としての仏壇です。家の中にこうした仏様や故人との対話ができる場所があるということは、必要かなと思います。心の拠り所が家の一角にあってもいいのかなと思っています。

こう考えると仏壇は、人の絆を感じさせ、生きている人の心を充実させてくれるものと捉えることができます。子殺しがある現在、仏壇に手を合わす。これは核家族にとって心に深みを与えてくれるものとならないでしょうか。

悪徳商法

1 詐欺から強盗へ

「アポ電強盗」をご存じですか。詐欺ではなく強盗です。最近増えているそうです。電話でお金の有無を聞き、その後強盗に押し入りお金を取るのです。困った世の中になりました。

手口は、まず電話が掛かってきます。詐欺と同じような手口で、例えば、息子を名乗って「○○のミスをしたからお金がいる。今家にいくらぐらいあるか」と八十歳の親元に電話が掛かってきます。「五○○万円位ならあるわ」と答えます。電話はここで切れます。二日後に、警察ですがと、白昼家に押しかけてきます。家に入るなり強盗になります。

強盗というのは、縛ったり、金の在りかを教えないと殴ったり、傷つけたりします。最悪の場合は殺します。強盗に入る人間は、チンピラや強盗経験者でお金に困っている者だそうです。それに、危害を加えるのになんら罪悪感はないのです。今までの詐欺とは全く異なります。

じゃなぜ自分が狙われるのかですが、「高齢者で、金持ちで、独り暮らしの者」の何かのリストに載っているのです。それだけでなく、このアポ電強盗は、その家にヘルパーさんの来る時間帯も調べていて、ヘルパーさんの来ない時間帯に強盗に入るそうです。

このアポ電強盗の対策ですが、電話機に録音機をつける。電話機を留守電モードにしておいて、録音の声を聞いて、知らない人間なら電話にでないのです。これが一番です。不要な縁はつながない、関わらないことです。

何か、変な世の中になってきました。気を引き締めましょう。

2 私、詐欺に引っかかりました

数年前フィッシング詐欺に引っかかりました。

私が掛かった詐欺は、私のパソコンのメールアドレスに、契約しているメールの通信業者の名称でメールを送信してきて、不安をあおってそのメールの中にあるアドレスにクリックさせるのです。するとパスワードが盗まれたのです。届いたメールが餌で、私が魚で、釣られて個人情報が流れるのです。フィッシング詐欺と言われてます。

もうあまり覚えていませんが、事情はこうです。

「あなたのメールのフォルダーがオーバーします。まもなく使用できなくなります。ここをクリックして改善してください」と簡単なメールが来ました。

「ううん？」と思ったのですが、初めてのことなので疑いなくクリックしてしまいました。

その後、どうもメールがおかしいのです。意味の分からないメールが来るようになったのです。メールの会社に調べてもらいました。私のメールアドレスでメールが大量に世界中に流れているそうです。すぐに使用できなくなるように対策を取ってもらいました。私の対策はパスワードを変えることだけでした。

まさか、私が引っかかるなんて思ってもいませんでした。もちろんフィッシング詐欺というものがあることは知っていました。気持ちは警戒していました。しかしまさか私が対象になるなんて思ってもいませんでした。現在も性懲りもなく、同じ内容のメールが時々来ます。即、削除です。

それから最近は「アマゾン」を名乗るフィッシングメールが来ます。これは引っかかる寸前に、ハッとして削除し助かりました。送信しなかったから助かりました。概要はこうです。「こちらはアマゾンです。あなたの注文のクレジット支払いの取り扱いがうまくいきません。再度ここにクレジットの情報を入れてください。今後お取引ができなくなる可能性があります。」との内容でした。

この詐欺に引っかかっていたら、何百万円も使われていたでしょう。自分が気づくのは一カ月後の利用明細が届いた時ですから。

3 だまされるタイプ

なぜだまされたのか反省するのですが、「お人好し」で、生来、性善説で何でも鵜呑みにしていたからでしょうか。それとメールの仕組みを知らなかったからです。今は疑いのベールを被ってみることにしています。

しかし、人はなぜ詐欺に引っかかるのでしょうか。

第一に、詐欺集団はだますために仕掛けてきます。あっちは人の心理を勉強して引っかけるように仕組んで来ています。だませる自信がなければ詐欺行為はしないでしょう。これが第一の原因です。

次はこちらの心の問題です。

私と似たような人は、振り込め詐欺に引っかかります。息子さんの声を疑わないからです。電話を受けて「息子」と聞いた瞬間に好意的になり、警戒心を外します。もう疑っていないから、息子を心配して「ハイ、ハイ、ハイ」と引きずられるのです。自分の心理が変わってしまったから、もうどうしようもないのです。

次のタイプは、「得のスイッチ」が入ってしまうタイプです。話を聞いて「これは得する」と心のスイッチが入ってしまうのです。一度入ると、その領域から抜け出られません。疑えと言われますが、スイッチが入ってしまったので無理です。

次のタイプが「人情型」です。「わるいから、相手にわるいから、何かお返しをしなくては」の心理です。特に女性には、こんな心理のエアポケットがあるようです。自分にはそれ程必要ない物なのに、もらったから何かお返しをしなくては、という心が働くのだそうです。安い物をもらって羽毛布団を何枚も買うのはこんな心理だそうです。

最後は「パニック型」です。私の心にもあります。立場が弱くなると条件をどんどん下げてしまうのです。結局譲っちゃうのです。ましてやパニックになると「何でもします。言ってください」となります。

詐欺ではありませんが、車の事故を考えてください。追突してきた相手は、その時、心がパニックになっています。「何でもします、何でもします。ごめんなさい、ごめんなさい」です。しかし数日置くと「保険屋さんと話をしてください」となります。

詐欺は、こちらが最初のパニックのときに一気に仕掛け、逃げていくのです。やはり詐欺の首謀者、詐欺の企画を立てる人間はしっかりと人の心理を考えています。脅したり怖がらせたりして、こちらは早くそこから逃げたいので、何にでも署名してしまう。これも恐怖のパニックの心理を活用した詐欺の手口です。

4 だまされた後の対策

詐欺の対策は、もちろんだまされないようにすることが一番です。次に大切なのは、だまされたと思ったら、できるだけ早く消費生活センター、警察、家族、民生委員などに連絡することです。消費者ホットラインは局番なしの「一八八（いやや）」です。警察の総合相談電話は全国共通で「#九一一〇」です。

その次は、お金の振込先の金融機関に連絡します。詐欺にあった被害の救済措置はないのかと相談してみてください。泣き寝入りをせず、ここまでは手を打ちましょう。

「クーリングオフ制度」があるのはご存じですよね。

不要な買い物をした場合、契約を無効にする方法です。このクーリングオフをするには、買ったその日を入れて八日以内に、相手に「契約解除通知」をハガキで出します。ハガキは出す前にその裏表をコピーして保存しておいてください。郵送したという証拠を残すためです。これで契約はなかったものとなります。あとは返品方法やお金の返還方法を調べ、手続きを取ります。

これは詐欺でなくても使えます。気が変わって買い物をキャンセルしたいときにも使えます。私は資格の通信教育三十万円相当を、気が変わったのでクーリングオフしました。

ところで、何でも一度はやってみることです。だから一度、自分宛にクーリングオフのハガキを出してみてください。文面をインターネットで探して「契約解除通知」を作成し、自分宛に出してみてください。これでイザというときにやり易くなります。

その他の対策は、やはり近くの消費生活センターに行って相談するとか、消費者ホットラインに電話して相談することです。より早く連絡してより早く対策を取りましょう。

まあ、だまされないようにしたいのですが、相手はだますために来ます。そして、言葉を交わすと、こちらはやはり負けてしまいます。不審な者が来たら相手にせず、電話なら切ってしまう。訪問なら「帰ってください。警察を呼びますよ」と言いましょう。言うだけでなく目の前で一一〇番してください。一一〇番からは、「事故ですか、事件ですか」と聞かれます。「事件です。不法侵入です。助けてください。住所は〇〇です」と言ってください。

5 最近のだましの手口

高齢者を相手にする主なだましの手口を知っておきましょう。だましの手口はどんどん変化します。最近の手口はこんなものがあります。消費生活センターで聞きました。

「買え買え詐欺」

パンフレットが来る。その後電話が掛かってくる。「あなたは株式の購入の特典に当選したのです」、そして「権利を譲って欲しい。後から高く買い取らせてもらうから、代わりに買っておいてほしい」と。お金を振り込んだら株券が来たが、以後誰とも連絡が取れない。結局お金は戻ってこない。対処法、まずは消費生活センターに連絡をしてください。

「送りつけ商法」

電話が掛かってきて、「以前申し込みのあった商品を送る」と言って電話を切り商品が送られてくる。商品と高額な請求書や現金書留封筒が入っている。無視すると「忘れているんじゃないか」と脅迫の電話が入ってくる。対処法。消費生活センターにすぐに相談をする。

「押し買い」

使っていない貴金属を高く買います。まずは査定だけさせてください、と家を訪ねてきます。そのあと着物や骨董を評価しますといい、安く買い叩いて持ち帰る。話術が巧く、強引に引っ張られ、安く買い取られてしまう。対策は、玄関先で、はっきりと断ることです。

「振り込め詐欺」

「警察ですが、あなたの銀行口座が犯罪に使用されています」と電話が掛かってくる。次に銀行員と名乗る人が通帳とキャッシュカードを受け取りに来る手口です。オレオレ詐欺の変化版だそうです。対処法、見ず知らずの人には通帳やキャッシュカードなどは渡さないことです。

「架空商法・不当請求」

これは、ハガキか文書が来るのです。「最終通告」とか「債権譲渡通知書」とか、何か裁判所のような名称や記号や番号を書いてきます。アダルトサイトの使用料が支払われていないとかです。

私もハガキを受け取った経験があります。はじめドキッとしました。「ハハ、これか」と思いました。私は、過去に裁判所とやり取りしたことがあります。裁判所の文書番号は知っていました。それと裁判所からの通知は、所在地や裁判所名を書いた窓空き封筒で来ます。この体験があったのでウソだと分かったのです。

この対処法は「無視する」です。しかし不安でしょう。ならば、そのハガキに書いてある電話番号を、ヤフーの検索サイトに打ち込んでみてください。いろいろと「注意」のメッセージが出てきます。

顧問をしている人から「変なハガキが来た」との連絡があったので出向きました。「なんだ、これは詐欺だ。無視すればいい」というと、「なんで詐欺なんだ」というのでヤフーで電話番号を検索して見せました。その人は安心しました。

注意事項：電力小売自由化

「電気料金が安くなる。請求業者が変わるだけです」といって、電話で電気の契約情報を聞き取ります。そして知らない間に取扱業者が変わっているケースが多くあり、苦情があるそうです。

詐欺ではないんですが、説明不足です。これのキャンセルの仕方は、業者から来た契約書面を受け取ってから八日以内に「クーリングオフ」の手続きを取ります。

以上、経験と消費生活センターでの話をまとめてみました。手口はいろいろたくさんあります。やはり自己防衛しかないようです。それには常に自己を客観視して、「はっ」と気づき、逃げるしかないようです。

あとがき

終活の本は、各テーマで専門の知識や手続きの本がたくさん出版されています。この本は、そんな具体的な手続きの本ではなく、各テーマでの考え方や捉え方について説明した本です。

私は行政書士で、公民館の老人大学の講座で終活の話をしています。終活は十テーマあり、各テーマでお話ししています。この本は、その内容を元に整理し加筆してまとめたものです。だから内容は基本的なことですが、これだけは知っておいて欲しいというものです。

公民館で話をしていて感じることは、皆さん断片的な知識はお持ちですが、それを生活に生かしていくには、少し足りないということに気づいておられない。また信じておられる知識が世間話的な内容で、それを生活の法的行動に移していくにはトラブルが発生することに気づいておられない、ということです。

例えば、相続税で生命保険の控除額があります。「生命保険の控除額は法定相続人一人に付き五〇〇万円です」と言いました。「先生、それは違いますよ。一人一〇〇〇万円ですよ。私の時がそうだったのですから」と意見が返ってきました。体験は強いものです。ガンとして引き下がられません。

だから「そうです、そうです、一〇〇〇万円も正解です。たぶんそれは総額ではなかったですか。五〇〇万円に法定相続人の数を掛けてみてください。どうですか」と説明しました。「そうでした。あら、人に話してしまったわ」と返って来ました。

公民館でお話ししていて、聞かれた方からは、目が覚めたと言ってもらえますので、少しは話の内容が役立っているのかなと感じて、それならできるだけ多くの方に知っていただければと思ったところです。

行政書士の仕事は手続きの執行です。法律的で具体的な手続きの説明の本にすべきでしょうが、それは他の行政書士さんにお任せして、ここでは終活のテーマでの考え方や捉え方について整理していただくきっかけになる本にしました。

読んでいただいた方の一助になれば幸いです。
最後に、文芸社の方々には、この本の作成にあたり励ましや後押しをしていただきました。それで日の目をみることができました。感謝の念に堪えません。

河﨑康次

令和元年　秋

著者プロフィール

河﨑 康次（かわさき やすつぐ）

昭和24年生まれ。

大学卒業後、広島県庁を定年退職し、民間企業に１年勤める。

不動産業で独立したのち、行政書士業に転業、現在に至る。

行政書士業務は相続、遺言書、資産承継等の民事系を中心に行っている。

また、終活の知識普及のために「ひろしま終活サポートセンター」の団体を立ち上げ、公民館等で終活講座を担当、高齢者が後半の人生を有意義に送れるよう支援している。

はじめて読む終活の基礎知識

2020年２月15日　初版第１刷発行

著　者　河﨑 康次
発行者　瓜谷 綱延
発行所　株式会社文芸社
〒160-0022 東京都新宿区新宿1－10－1
電話 03-5369-3060（代表）
03-5369-2299（販売）

印刷所　株式会社フクイン

ISBN978-4-286-21178-7